雷达数据处理丛书

# 区间分析多目标跟踪理论与方法

## Multiple Target Tracking Theory and Methods Based on Interval Analysis Technique

虎小龙　陈楠祺　张秦　张磊　著

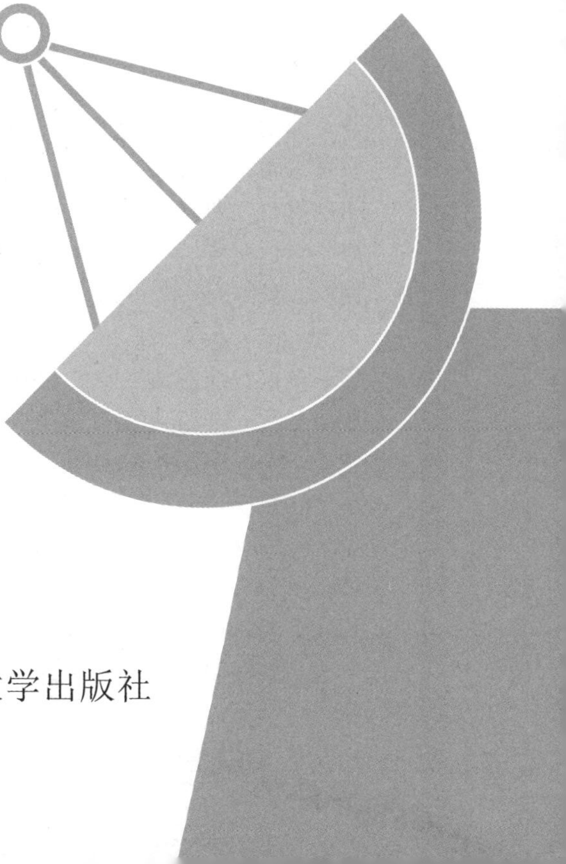

西安电子科技大学出版社

## 内 容 简 介

本书基于随机有限集理论框架，重点介绍了区间分析技术在贝叶斯滤波跟踪中的应用。针对高目标数、高杂波密度条件下传感器数据量呈指数增加，难以实时处理的问题，本书采用量化的多维区间量测代替传统的点量测信息，并用箱粒子滤波代替传统的粒子滤波来拟合目标后验密度函数，推导了一系列结构简单、计算负担小、在复杂场景下适用性更强的多目标跟踪方法，希望能为推动多目标跟踪技术的发展以及拓展其在实际工程领域的应用提供理论支撑。

本书内容是作者近年来参与各类课题研究成果的总结，涵盖了雷达多目标跟踪领域的部分前沿进展及作者取得的创新成果。本书可作为相关专业教师、科研工作者和工程技术人员的参考用书。

**图书在版编目（CIP）数据**

区间分析多目标跟踪理论与方法 / 虎小龙等著. 西安 ：西安电子科技大学出版社，2025.4. -- ISBN 978-7-5606-7587-9

Ⅰ. TN953

中国国家版本馆 CIP 数据核字第 20250PY435 号

策　　划　薛英英
责任编辑　薛英英
出版发行　西安电子科技大学出版社（西安市太白南路 2 号）
电　　话　(029) 88202421　88201467　　邮　　编　710071
网　　址　www.xduph.com　　电子邮箱　xdupfxb001@163.com
经　　销　新华书店
印刷单位　陕西精工印务有限公司
版　　次　2025 年 4 月第 1 版　2025 年 4 月第 1 次印刷
开　　本　787 毫米×960 毫米　1/16　印张　8.5
字　　数　148 千字
定　　价　29.00 元
ISBN 978-7-5606-7587-9

**XDUP 7888001-1**

# 前　言

随着雷达、声呐、红外、光电等传感器技术以及计算机硬件技术的飞速发展，多目标跟踪在空中交通管制、监视、导弹防御、自动驾驶、计算机视觉、生物医学、海洋学等领域的应用日益广泛。在多源异构的复杂传感器网络中，维持算法的有效性是多目标跟踪领域的重点和难点。传统的贝叶斯多目标跟踪滤波算法主要基于数据关联的思想，即对目标和量测进行假设关联，其处理的量测信息一般是点量测信息。当传感器网络复杂、目标数目和量测数目较多时，数据量巨大，关联难度急剧增加，会严重影响算法的适用性。随着随机有限集理论和区间分析理论的引入，传统滤波算法中的数据关联难题得到了有效的解决，这为多目标跟踪理论在复杂传感器网络中的应用提供了新的方向。

本书在贝叶斯滤波框架下，结合随机有限集滤波与区间分析理论，重点介绍区间量测下的多目标跟踪技术。本书主要内容包括：

(1) 区间量测下多目标跟踪状态估计性能评价指标的优化及标签多伯努利滤波的箱粒子实现；

(2) 箱粒子滤波重采样在目标状态向量部分元素未被量测的情况下可能失效问题的研究及联合预测与更新广义标签多伯努利滤波的箱粒子实现；

(3) 多传感器得到区间量测情况下的多目标跟踪问题研究及多传感器JGLMB 滤波的箱粒子实现；

(4) 多传感器系统中部分传感器得到区间量测和部分传感器得到点量测时的多目标跟踪问题研究及混合量测 MS-JGLMB 滤波的箱粒子实现。

以上各部分内容均属于区间分析理论在多传感器多目标跟踪方法中的具体应用，它们相辅相成，互相联系。区间分析理论为解决大数据量、复杂场景下的多目标跟踪难题提供了新思路和相应的理论支撑，是解决现代防御和武器系统性能瓶颈的关键技术之一。

作者所在课题组长期从事目标跟踪理论与方法的研究，先后承担了多项国家自然科学基金项目和装备综合研究项目，在雷达信号处理、数据处理，尤其是复杂环境下的多目标跟踪框架构建、跟踪效能提升、联合检测与跟踪等方面开展了系统、深入的研究，取得了一系列理论创新与技术突破，部分成果已得到实际应用。在整合提炼近年来课题组多目标跟踪研究理论成果的基础上，我们撰写了本书，期望能为相关领域的学者和专业研究人员提供帮助，以推动国内相关领域的发展，促进多目标跟踪技术的实际应用。

全书共 6 章。第 1 章为绪论，主要阐述了贝叶斯多目标跟踪技术相关背景和发展现状；第 2 章介绍了随机有限集滤波理论与区间分析基础，详细描述了区间运算、区间函数、区间收缩等重要概念；第 3 章～第 6 章为本书的重点内容，主要阐述了作者所在课题组在区间分析多目标跟踪理论与方法研究方面所取得的理论创新成果。本书符号对照表和部分缩略语对照表详见附录 A 和附录 B。

作者在从事研究和撰写本书的过程中得到了许多专家、同行和博士研究生的支持和帮助，在此表示由衷的感谢。由于多目标跟踪领域相关前沿研究涉及的内容较广，书中难免存在疏漏，敬请专家、同行和广大读者批评指正。

作　者

2024 年 12 月

# 目　录

# 第1章 绪　论

## 1.1 引　言

20 世纪 60 年代，在导航、制导、空中交通管制、太空探索等航空航天应用的推动下，人们开始研究多目标跟踪[1]技术。经过几十年的发展，多目标跟踪技术的应用不再局限于航空航天领域，逐渐延伸至遥感[2]、海洋学[3]、机器人[4]、计算机视觉[5]、自动驾驶[6]、生物医学[7]、太空碎片跟踪[8]等诸多领域。多目标跟踪技术具有极高的军用价值，对武器系统智能化与战场态势感知具有重要意义，是打赢信息化甚至是智能化战争不可或缺的技术。同时，该技术还具有良好的民用价值，可应用于民用无人机、无人驾驶汽车以及乒乓球、羽毛球陪练机器人等产品，为人们的生活提供便利。

多目标跟踪技术可以根据传感器产生的量测信息，实时估计目标数目、状态、航迹以及其他属性信息。常规的多目标跟踪算法主要基于标准量测模型，该模型包含以下假设：

(1) 量测噪声的概率密度函数(Probability Density Function，PDF)已知；

(2) 一个目标最多产生一个量测，一个量测最多由一个目标产生。

该模型假设量测具有双重不确定性：一是随机性，它是由量测噪声随机变化引起的；二是关联不确定性，它是由传感器漏检或虚警引起的。

标准量测模型将量测描述为量测空间中的点，但在一些实际应用中，用量测空间中的区间来描述量测则更为合适。例如，在无线传感器网络的数据传输中，为节约通信带宽，通常将量测数据量化为若干比特后再进行传输。虽然量化量测以浮点数形式传输给控制中心，但它本质上是区间的。此外，分布式预警系统在运行过程中通常会受到未知同步偏差、未知系统时延等因素的影响，所产生的量测受概率分布未知的有界误差影响，因此其本质也是区间的。再者，对于高分辨率传感器多目标跟踪系统而言，由于传感器的分辨单元很小，因此单个目标可能会占据多个分辨单元，并在同一时刻产生多个量测，进而转变为扩展目标跟踪问题。如果将多个扩展目标的量测集合划分成若干个量测子集，则可利用 $3\sigma$ 准则将各量测子集分别转换为一个区间量测。在上述应用中，区间量测除体现出随机性与关联不确定性之外，还体现出第三重不确定性，即集合论不确定性(Set-theoretic Uncertainty)[9-10]。因为常规的多目标跟踪算法是基于标准量测模型的，所以它们难以适应涉及区间量测的应用。为此，亟须寻找新的算法以解决相关应用场景中多目标跟踪的问题。

2012 年，Gning 针对区间量测问题，分别推导了粒子条件下和箱粒子条件下的区间量测似然函数。基于区间量测似然函数，他提出了专门处理区间量测的粒子滤波与箱粒子滤波，并成功将其应用于单目标跟踪状态估计。由于区间量测的高度不确定性，粒子滤波需要使用大量粒子以实现目标状态估计，导致计算负担增加。相比于粒子滤波，虽然箱粒子滤波中单个箱粒子的计算量比单个粒子计算量大，但是由于所用箱粒子数量远少于粒子数量，因此箱粒子滤波的实际计算负担较小。将箱粒子滤波应用于多目标跟踪状态估计，是当前国内外的研究热点，该研究有助于降低多目标跟踪系统对硬件配置的要求，同时有助于提高多目标跟踪的实时性。

本书以随机矩阵理论、贝叶斯估计理论、模糊理论等为基础，重点研究多目标跟踪系统处理区间量测的若干问题，包括多目标跟踪状态估计性能评价问题、箱粒子滤波重采样在特定情况下可能失效的问题、多传感器箱粒子滤波中箱粒子收缩问题以及多传感器系统中存在点量测与区间量测时的跟踪问题。针对上述问题，本书介绍了一些跟踪性能良好、计算负担较轻的多目标跟踪方法，以推动区间量测下多目标跟踪技术的理论发展与工程应用。

## 1.2 多目标跟踪研究现状

多目标跟踪技术是信息融合领域的重要内容之一。利用雷达、声呐、光电、红外、可见光等各类传感器接收到的量测集合，多目标跟踪方法可以对目标的位置、速度、加速度、航迹以及数目等信息进行估计。其难点主要有两个：

(1) 不但目标状态会随时间变化，而且目标数目也会因目标新生、衍生或消亡而变化；

(2) 传感器在检测过程中可能会漏检目标，也可能会得到杂波量测。

根据实际情况，多目标跟踪问题通常包括非传统量测问题、多传感器问题、机动目标跟踪问题、扩展目标跟踪问题、未知杂波密度与检测概率问题、航迹管理问题等。上述问题受到相关领域内专家学者的高度关注。本书主要关注的区间量测问题属于非传统量测问题。

在贝叶斯框架下的多目标跟踪中，对目标和量测间的关系有两种不同的处理方式，一种是着眼于分析每一对目标和量测的关联可能性，另一种是整体分析目标状态集在相应量测集下的更新。据此，基于贝叶斯理论的多目标跟踪方法可以分为两类：一类是基于数据关联(Data Association)的多目标跟踪方法，另一类是基于随机有限集[11-12]的多目标跟踪方法。下面对这两类方法分别进行阐述。

## 1.2.1 基于数据关联的多目标跟踪方法

基于数据关联的多目标跟踪是自下而上设计的，其采用分而治之的策略，将多目标跟踪问题转化为多个并行的单目标跟踪问题。此类方法服从点目标假设，即一个量测最多来自一个目标，且一个目标最多产生一个量测。这类多目标跟踪方法在预测后的目标状态附近设置跟踪波门，并利用波门内的量测来更新目标航迹。当近距离目标产生近距离量测时，就可能出现多个量测落入同一个波门，或同一个量测落入多个波门的问题，这一现象称为关联冲突。图 1.1 所示是一个关联冲突的例子[13]，其中，点 $P_1$、$P_2$ 代表两个目标的预测位置，点 $O_1$、$O_2$、$O_3$ 代表三个落入 $P_1$、$P_2$ 波门内的量测。关联冲突问题可以通过数据关联以及航迹维持来解决。常规的数据关联方法有全局最近邻(Global Nearest Neighbor, GNN)[14-15]、联合概率数据关联(Joint Probabilistic Data Association, JPDA)[16-17]、多假设跟踪(Multiple Hypothesis Tracking, MHT)[13, 18-20]等，下面分别进行阐述。

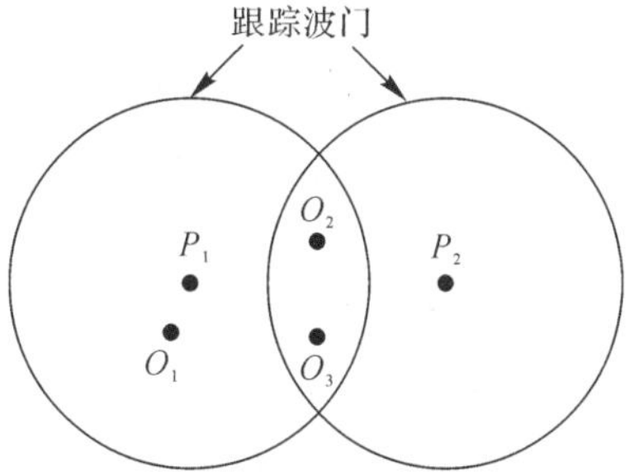


$O_1$、$O_2$、$O_3$—量测位置；
$P_1$、$P_2$—预测目标位置。

图 1.1 关联冲突问题举例示意图

**1. GNN 算法**

GNN 算法的主要思想是寻找量测与目标之间的全局最优关联。例如，GNN 算法很可能会将图 1.1 中的 $O_1$ 关联给 $P_1$，$O_2$ 关联给 $P_2$。“全局”是指关联方案的产生充分考虑了跟踪波门内所有可能的量测-目标关联假设，并且满足一个量测最多与一个目标相关联的限制条件。上述特点就是 GNN 算法与最近邻(Nearest Neighbor，NN) 算法的主要区别。NN 算法利用距离目标最近的量测来更新目标状态，即使该量测可能在更新其他目标状态时已经被使用过。GNN 算法只保留全局最优关联所包含的目标航迹，跟踪波门内未同任何目标相关联的量测将被用于初始化新的航迹，如图 1.1 中的 $O_3$。标准 GNN 算法成立的前提条件是一个量测最多来自一个目标。由于 GNN 算法在所有可能的关联假设中只选择一个作为全局最优关联，因此该算法仅适用于目标间距较大、量测误差较小、杂波密度较低的跟踪场景。

**2. JPDA 算法**

JPDA 算法的主要思想是允许目标跟踪波门内所有量测共同更新目标状态，其中每个量测对目标状态更新的影响程度由其自身权重决定。换言之，在 JPDA 算法中，一个量测可能被用于更新不止一个目标。以图 1.1 为例，因为量测 $O_1$、$O_2$、$O_3$ 都在目标 $P_1$ 的跟踪波门内，量测 $O_2$、$O_3$ 又都在目标 $P_2$ 的跟踪波门内，所以 JPDA 算法会利用 $O_1$、$O_2$、$O_3$ 共同更新 $P_1$ 的状态，利用 $O_2$、$O_3$ 共同更新 $P_2$ 的状态。JPDA 算法的主要缺陷是当多个目标的间距较小时，其航迹存在合并的倾向。例如，由于图 1.1 中量测 $O_2$、$O_3$ 对目标 $P_1$、$P_2$ 的更新都有影响，因此 $P_1$、$P_2$ 的航迹有被牵引到一起的趋势。

**3. MHT 算法**

MHT 算法的主要思想是在发生关联冲突时给出多个可选的数据关联假设。对于这些关联假设，MHT 算法既未采取 GNN 算法只取一个最优假设的策略，也未采取 JPDA 算法取多个假设加权和的策略，而是将关联假设全部传递至后续时刻，以期利用后续数据解决近距离冲突。MHT 算法曾经因其计算复杂度较高、实现难度较大而应用受限。随着计算机性能的不断提高，MHT 算法已被应用于许多现代目标跟踪系统中。

由于上述基于数据关联的多目标跟踪算法研究起步较早，现已成为目标跟踪领域的主流算法。然而，这类算法也存在一些固有缺陷，如计算负担较重、无法灵活处理目标数目变化的场景、难以适应高杂波密度环境等。

### 1.2.2　基于随机有限集的多目标跟踪方法

针对基于数据关联的多目标跟踪方法中存在的缺陷，Mahler 等人将随机有限集理论应用于目标跟踪领域，取得了一系列研究成果。基于随机有限集的多目标跟踪方法是自上而下设计的，具有很强的适应性，能够系统地处理更复杂的多目标跟踪问题。此类方法主要包括概率假设密度(Probability Hypothesis Density，PHD)滤波[20]、集势概率假设密度(Cardinalized Probability Hypothesis Density，CPHD)滤波[21]、多目标多伯努利(Multi-Target Multi-Bernoulli，MeMBer)滤波[11]、势均衡多目标多伯努利(Cardinality Balanced MeMBer，CBMeMBer)滤波[22]、广义标签多伯努利(Generalized Labeled Multi-Bernoulli，GLMB)滤波[23-25]、标签多伯努利(Labeled Multi-Bernoulli，LMB)滤波[26]等。通常，上述方法及其衍生算法统称为 RFS (Random Finite Set，随机有限集)滤波。在每一个采样时刻，RFS 滤波的估计结果是一个集合，该集合的势(集合元素个数)表示目标数目估计结果，该集合的元素表示目标状态估计结果。根据集合元素有无标签，RFS 滤波可分为两类，一类是无标签 RFS 滤波，一类是有标签 RFS 滤波，下面分别进行阐述。

**1. 无标签 RFS 滤波**

2003 年，Mahler 将多目标状态建模为泊松点过程，提出了 PHD 滤波[20]。PHD 滤波传递后验多目标概率密度的一阶统计矩。一阶统计矩是在有限集统计(Finite Set Statistics，FISST)[11, 12, 27]理论框架下定义的函数，也称为概率假设密度函数或强度函数。因为强度函数的定义域是单目标状态空间，所以传递强度函数的计算量远低于传递多目标概率密度。PHD 滤波有一个缺点，就是当目标数目较大时，其势估计结果不稳定。其主要原因是多目标状态被建模为泊松点过程，导致其势分布服从泊松分布。然而，泊松分布的均值与方差相等，当目标数目增加时，PHD 滤波势估计结果的方差也会随之增大，导致其稳定性降低。

标准 PHD 滤波服从点目标假设，只能估计目标数目与状态，不能输出目标航迹。许多学者将标准 PHD 滤波拓展[28-81]，使之适应不同的多目标跟踪问题。最具代表性的相关研究成果有：2003 年，Vo 通过粒子滤波实现了 PHD 滤波[71]；2005 年，Panta 将航迹维持算法嵌入 PHD 滤波，提出了航迹估计 PHD 滤波[72]；2006 年，Vo 通过高斯混合技术实现了 PHD 滤波[73]；2008 年，针对机动目标问题，Punithakumar 提出了多模型 PHD 滤波[74]；2009 年，Mahler 提出了扩展目标 PHD 滤波[75-76]、多传感器 PHD 滤波[77]；2011 年，针对运动传感器控制问题，Ristic 提出了以 Rényi 散度（Rényi Divergence）[82] 为目标函数（Reward Function）的 PHD 滤波[79]；2012 年，Granström 提出了基于随机矩阵的扩展目标高斯逆威沙特 PHD 滤波[80]；2013 年，针对分布式多传感器目标跟踪问题，Uney 提出了基于指数混合密度（Exponential Mixture Densities）的 PHD 滤波[81]；2016 年，Li 提出了并行计算的粒子 PHD 滤波[82]。

2007 年，Mahler 提出了 CPHD 滤波[21]。因为 CPHD 滤波将多目标状态建模为独立同分布的簇过程，所以其势分布不再局限于泊松分布，而可以是任意分布的。CPHD 滤波在传递强度函数的同时，还传递多目标状态的势分布。由于 CPHD 滤波比 PHD 滤波额外传递势分布，因此，CPHD 滤波的势估计结果远比 PHD 滤波的准确且稳定，但是也相应地增加了计算负担。CPHD 滤波虽然克服了 PHD 滤波势估计不稳定的缺点，但却存在“远距幽灵作用”（Spooky Effect，又称 spooky action at a distance）问题[83]。“远距幽灵作用”是指当某一目标被传感器漏检时，CPHD 滤波会将原本属于该目标的部分 PHD 质量（PHD Mass）转移给其他目标（无论两个目标相距多远），从而严重削减了漏检目标的权值。

在关于 CPHD 的拓展研究[84-120]中，最具代表性的成果有：2007 年，Vo 提出了高斯混合 CPHD 滤波[113]；2011 年，针对未知杂波密度与检测概率问题，Mahler 提出了鲁棒 CPHD 滤波[114]，该算法可以在滤波的同时，自适应学习杂波密度与检测概率；2012 年，针对目标新生位置不固定的问题，Ristic 提出了自适应新生强度 CPHD 滤波[115]；2012 年，Georgescu 提出了具有航迹管理功能的多模型 CPHD 滤波[116]；2013 年，Lundquist 提出了扩展目标 CPHD 滤波[117]；2013 年，针对“远距幽灵作用”，Ouyang 提出了改进的 CPHD 滤波[118]；2013 年，针对目标衍生问题，Lundgren 提出了基于衍生模型的 CPHD 滤波[119]；2016 年，Nannuru 提出了多传感器 CPHD 滤波[120]。

2007 年，Mahler 提出了 MeMBer 滤波[11]。MeMBer 滤波可以将当前采样时刻的暂态目标传递至后一采样时刻。暂态目标由存在概率和目标状态概率密度函数共同描述。由于 MeMBer 滤波更新公式的推导过程存在缺陷，因此其势估计结果具有明显偏差。2009年，Vo完善了MeMBer滤波的更新公式推导过程，并提出了CBMeMBer滤波[22]。CBMeMBer滤波与MeMBer滤波具有相同的预测公式，两者的主要差异在于更新公式。虽然CBMeMBer滤波的更新公式能够有效避免势估计偏差，但是它与MeMBer滤波具有相同的局限性，即它们只适用于低杂波密度、高检测概率的环境。

在关于MeMBer与CBMeMBer的拓展研究[121-148]中，最具代表性的成果有：2013年，针对未知杂波密度与检测概率问题，Vo提出了鲁棒MeMBer滤波[144]；2013年，针对机动目标跟踪问题，Yang提出了多模型CBMeMBer滤波[145]；2013年，Reuter提出了基于自适应新生分布的CBMeMBer滤波[146]；2016年，Ma提出了针对扩展目标跟踪的粒子CBMeMBer滤波[147]；2017年，Saucan提出了多传感器MeMBer滤波[148]。

**2. 有标签RFS滤波**

针对无标签RFS滤波无法估计目标航迹的固有缺陷，专家学者们提出了有标签RFS滤波。

2013年，Vo提出了GLMB滤波[23-24]。GLMB滤波传递GLMB多目标概率密度。GLMB多目标概率密度是一系列航迹假设的加权和，其中每个假设的可能性大小由其权值描述。因为GLMB滤波以广义标签多伯努利过程而不是以独立同分布簇过程为多目标状态模型，所以它不会受到“远距幽灵作用”的影响。GLMB滤波的估计结果比无标签RFS滤波类算法更加准确，但是计算负担更重。这是因为GLMB多目标概率密度经过预测或更新后，航迹假设的数量会呈指数式增长。为了便于GLMB滤波的工程应用，需要舍弃可能性不大的航迹假设以减少假设数量，从而实现对GLMB的多目标概率密度的截断。文献[24]证明：GLMB截断可以最小化GLMB多目标概率密度的$L_1$误差。

实现截断GLMB多目标概率密度有两种思路。一种思路是先计算每个航迹假设及其权值，再对假设按权值排序，最后舍弃一定数量具有小权值的假设。该思路的实现难点在于需要处理数量庞大的航迹假设。另一种思路由文献[24]提出，这种思路避免穷举计算所有假设及其权值。即先通过调用$K$条最短路径算法（$K$-Shortest Paths Algorithm）来截断预测后的GLMB多目标概率密度，再通过调用排序分配算法（Ranked Assignment Algorithm）来截断更新后的GLMB多目标概率密度。常用的$K$条最短路径算法与排序分配算法分别是Bellman-Ford算法[149-150]与Murty算法[151]。GLMB滤波的计算负担主要集中在排序分配算法上。Murty 算法的时间复杂度是$\mathcal{O}(TM^4)$，其中，$T$ 为算法所要寻找的最优分配的数量，$M$ 为量测数目。如果使用时间复杂度更低的算法，就可以减轻 GLMB 滤波的计算负担，比如时间复杂度为$\mathcal{O}(TM^3)$的排序分配算法[152-154]。

在关于 GLMB 滤波的拓展研究[155-178]中，最具代表性的成果主要有：2015 年，Beard 提出了扩展目标 GLMB 滤波[172,173]，以及针对多个目标产生一个量测问题的 GLMB 滤波[174]；2015 年，Papi 提出了针对叠加性量测（Superpositional Measurements）的粒子 GLMB 滤波[175]；2016 年，Fantacci 提出了多传感器边缘 GLMB 滤波[176]；2016 年，Lin 提出了基于量测驱动新生模型的 GLMB 滤波[177]；2017 年，Yi 提出了多模型 GLMB 滤波[178]。

2014 年，Reuter 提出了 LMB 滤波[26]。LMB 滤波传递 LMB 多目标概率密度。LMB 滤波的预测过程与 MeMBer 滤波、CBMeMBer 滤波相同。

LMB 滤波的更新可分为三步：

(1) 将预测后的 LMB 多目标概率密度转化为 GLMB 形式，如果标签数太多则调用 $K$ 条最短路径算法，以截断 GLMB 多目标概率密度；

(2) 执行 GLMB 滤波的更新过程，如果标签数太多则调用排序分配算法，以截断 GLMB 多目标概率密度；

(3) 将更新后的 GLMB 多目标概率密度近似为 LMB 形式。

LMB 滤波可以视作 GLMB 滤波的简化形式，不受“远距幽灵作用”的影响。然而，与 GLMB 滤波假设数量呈指数增长不同，LMB 滤波假设数量呈线性增长，因此，LMB 滤波的计算负担比 GLMB 滤波更轻。此外，LMB 滤波还可以视作 MeMBer 滤波与 CBMeMBer 滤波的增强形式，它突破了后者只适用于低杂波密度、高检测概率环境的局限性，在估计目标数目及其状态的同时还能够估计航迹，估计结果比后者更加准确，计算负担更重。

在关于 LMB 滤波的拓展研究[179-194]中，最具代表性成果的主要有：2015 年，Reuter 提出了扩展目标 LMB 滤波[192]、机动多模型 LMB 滤波[193]；2016 年，Garcia-Fernandez 提出了针对检测前跟踪的 LMB 滤波[194]。

2016 年，Vo 提出了联合预测与更新 GLMB（Joint Prediction and Update GLMB，JGLMB）滤波[25]。JGLMB 滤波是目前最有望付诸工程实践的 RFS 滤波多目标跟踪算法。虽然 JGLMB 滤波本质上仍然是 GLMB 滤波，但是前者极大改善了后者计算负担过重的问题，同时保持了估计性能。JGLMB 滤波延续了 GLMB 滤波优良的估计性能。JGLMB 滤波之所以高效，是因为它的结构比 GLMB 滤波更为优越。具体来说，在任意采样时刻，GLMB 滤波要执行两次截断，一次在预测阶段，另一次在更新阶段，且二者相互独立。此外，在 GLMB 预测后的多目标概率密度中，有相当一部分航迹假设在更新后的权值会变得非常小，而针对这些假设调用排序分配算法将严重浪费计算资源。由于 JGLMB 滤波将 GLMB 滤波预测与更新两个步骤合并成为一个步骤，因此任意时刻 JGLMB 滤波只需要执行一次截断，其效率高于需要两次截断的 GLMB 滤波。同时，因为 JGLMB 滤波对预测与更新的合并过程不涉及任何额外的近似操作，所以并未损失估计性能。Vo 在提出 JGLMB 滤波的同时，还提出了用于 GLMB 多目标概率密度截断的吉布斯采样算法(Gibbs Sampler)，该算法属于马尔可夫链蒙特卡罗(Markov Chain Monte Carlo，MCMC) 类算法。吉布斯采样算法的时间复杂度仅为$\mathcal{O}(TM)$，远低于排序分配算法的时间复杂度。JGLMB 滤波调用吉布斯采样算法时，相比其调用排序分配算法，计算负担进一步减轻。

在 JGLMB 滤波的拓展研究[195-202]中，最具代表性的成果主要有：2016 年，Punchihewa 提出了机动目标 JGLMB 滤波[198]；2017 年，Punchihewa 提出了鲁棒 JGLMB 滤波[199]；2017 年，Vo 提出了多传感器 JGLMB(Multi-Sensor JGLMB，MS-JGLMB) 滤波[200]；2018 年，Bryant 提出了针对目标衍生问题的 JGLMB 滤波[201]；2019 年，Vo 提出了多时刻 JGLMB 递归(Multi-Scan JGLMB Recursion)[202]，该算法不是简单地根据 $k$ 时刻的多目标状态 $\boldsymbol{X}_k$ 递归估计 $k+1$ 时刻的状态 $\boldsymbol{X}_{k+1}$，而是根据 $k$ 时刻的多目标状态历史 $\boldsymbol{X}_{0:k}$ 递归估计 $k+1$ 时刻的状态历史 $\boldsymbol{X}_{0:k+1}$，换言之，该算法在滤波的同时还进行了平滑。

RFS 滤波各算法的优缺点和时间复杂度如表 1.1 所示，$N$ 为目标数目。

**表 1.1　RFS 滤波各算法的优缺点和时间复杂度**

| 算法名称 | 优　点 | 缺　点 | 时间复杂度 |
|---|---|---|---|
| PHD | 计算负担轻 | a) 势估计不稳定<br>b) 无法估计航迹 | $\mathcal{O}(NM)$ |
| CPHD | 势估计稳定 | a) 存在“远距幽灵作用”<br>b) 无法估计航迹 | $\mathcal{O}(NM^3)$ |

续表

| 算法名称 | 优　点 | 缺　点 | 时间复杂度 |
|---|---|---|---|
| MeMBer | 计算负担轻 | a）势估计有偏差<br>b）要求高信噪比<br>c）无法估计航迹 | $\mathcal{O}(NM)$ |
| CBMeMBer | a）计算负担轻<br>b）势估计无偏差 | a）要求高信噪比<br>b）无法估计航迹 | $\mathcal{O}(NM)$ |
| GLMB | a）势估计稳定、状态估计准确<br>b）不要求高信噪比<br>c）能估计航迹 | a）计算负担重<br>b）不能并行计算<br>c）航迹标签可能错误分配 | $\mathcal{O}(TM^4)$ |
| LMB | a）势估计稳定、状态估计准确<br>b）不要求高信噪比<br>c）能估计航迹<br>d）计算负担轻<br>e）可并行计算 | a）估计性能不如 GLMB<br>b）航迹标签可能错误分配 | 最坏情况下 $\mathcal{O}(TM^4)$ |
| JGLMB | a）势估计稳定、状态估计准确<br>b）不要求高信噪比<br>c）能估计航迹<br>d）计算负担轻 | a）不能并行计算<br>b）航迹标签可能错误分配 | $\mathcal{O}(TM)$ |

综上所述，基于随机有限集的多目标跟踪算法已成为当前国内外研究的热点。国外的研究单位主要有科廷大学(Curtin University)、皇家墨尔本理工大学(Royal Melbourne Institute of Technology)、西澳大学(University of Western Australia)、康涅狄格大学(University of Connecticut)、洛克希德·马丁公司(Lockheed Martin)、乌尔姆大学(Ulm University)等。国内的研究单位主要有上海交通大学、国防科技大学、西安交通大学、西北工业大学、西安电子科技大学、电子科技大学、空军工程大学、江南大学、北京航空航天大学、哈尔滨工程大学、杭州电子科技大学等。针对 RFS 滤波的三个主题词——PHD/CPHD、MeMBer/CBMeMBer 和 LMB/GLMB，在科学引文索引网站(Web of Science)上检索，分别得到 888 篇关于 PHD/CPHD 的研究，172 篇关于 MeMBer/CBMeMBer 的研究，161 篇关于 LMB/GLMB 的研究。根据相关研

究总数列出各研究单位，结果如表1.2所示。从表1.2中可以看出，全球范围内，科廷大学在RFS滤波方向上的研究较为深入。近年来，科廷大学、皇家墨尔本理工大学、乌尔姆大学关于LMB/GLMB滤波方面的研究成果，显著多于其关于PHD/CPHD或MeMBer/CBMeMBer滤波方面的研究，反映出其对LMB/GLMB滤波的重视程度较高。同时，国内各研究单位关于LMB/GLMB滤波的研究成果明显少于其关于PHD/CPHD和MeMBer/CBMeMBer滤波的研究，这反映出当前国内研究单位对于LMB/GLMB滤波的研究还处于起步阶段。LMB/GLMB多目标跟踪技术是RFS滤波中最前沿的研究方向之一，其算法跟踪性能优于PHD/CPHD和MeMBer/CBMeMBer多目标跟踪，因此值得重视和深入研究。

**表1.2 主要研究单位及其文献数量统计**

| 研究单位 | 研究主题 | | | 总计 |
|---|---|---|---|---|
| | PHD/CPHD | MeMBer/CBMeMBer | LMB/GLMB | |
| 科廷大学 | 38 | 35 | 60 | 133 |
| 西安电子科技大学 | 73 | 23 | 6 | 102 |
| 国防科技大学 | 77 | 13 | 7 | 97 |
| 皇家墨尔本理工大学 | 18 | 29 | 35 | 82 |
| 西安交通大学 | 38 | 14 | 4 | 56 |
| 西澳大学 | 32 | 13 | 7 | 52 |
| 电子科技大学 | 19 | 15 | 16 | 50 |
| 江南大学 | 40 | 10 | 0 | 50 |
| 康涅狄格大学 | 43 | 2 | 3 | 48 |
| 北京航空航天大学 | 29 | 10 | 7 | 46 |
| 哈尔滨工程大学 | 24 | 8 | 9 | 41 |
| 乌尔姆大学 | 11 | 5 | 20 | 36 |
| 西北工业大学 | 27 | 5 | 3 | 35 |
| 上海交通大学 | 27 | 3 | 3 | 33 |
| 杭州电子科技大学 | 16 | 4 | 13 | 33 |
| 洛克希德·马丁公司 | 30 | 2 | 0 | 32 |
| 空军工程大学 | 24 | 3 | 4 | 31 |

# 1.3 多目标跟踪数值计算方法

RFS滤波涉及一些高维积分运算，而这些积分通常没有闭合解。要实现RFS滤波，就需要通过数值计算技术来求积分的近似结果。针对RFS滤波的数值计算技术主要有三种：高斯混合技术(Gaussian Mixture，GM)[73]、序贯蒙特卡罗(Sequential Monte Carlo，SMC)技术/粒子滤波技术[203-204]和箱粒子滤波技术[205]。

## 1.3.1 高斯混合技术

高斯混合技术将PHD/CPHD滤波所传递的强度函数和MeMBer/CBMeMBer、LMB/GLMB滤波所传递的概率密度函数近似为高斯混合，即一系列高斯分布的加权和。该技术假设目标运动模型与新生模型都是线性高斯的。因为强度函数和概率密度函数的定义域都是单目标状态空间，所以为了便于表述，本书将强度函数与概率密度函数统称为单目标状态函数。文献[73]证明，如果初始的先验单目标状态函数服从高斯混合模型，那么所有后续采样时刻的后验单目标状态函数也将服从高斯混合模型。只要传递高斯混合模型的高斯项参数——均值、协方差和权值，就可以传递整个单目标状态函数。高斯项参数的预测公式和更新公式都是闭合表达式，其中，均值、协方差的预测和更新在本质上均是卡尔曼滤波的预测和更新。通常情况下，后验单目标状态函数的高斯项参数会随时间推移而不断增长，如果不限制其增长就会造成巨大的计算负担。一种有效的限制方法就是在每个采样时刻只保留权值占主导地位的部分高斯项。可以通过设置一个阈值，将权值低于阈值的高斯项舍弃，或者保留指定数量权值最大的高斯项而舍弃其余。另外，如果一些高斯项彼此非常接近，则可以将其合并，以达到限制高斯项数的目的。

## 1.3.2 粒子滤波技术

粒子滤波技术即序贯蒙特卡罗技术，这种技术不作线性高斯假设，主要处理非线性非高斯滤波问题，其适用范围比高斯混合技术更为广泛。该技术将当前采样时刻的单目标状态函数 $p$ 近似为一个由许多加权随机样本组成的集合。因为直接对单目标状态函数 $p$ 进行采样是极其困难的，所以需要间接地对一个采样难度较低的单目标状态函数 $q$ 进行采样，然后计算每个样本的权值。这个单目标状态函数 $q$ 称为重要性密度函数(Importance Density)，其支撑集包含单目标状态函数 $p$ 的支撑集。对重要性函数进行采样的过程称为重要性采样(Importance Sampling)，通过重要性采样与重采样(Importance Sampling and Resampling)技术[204]可将样本集合传递至后一采样时刻。由于随机样本对应状态空间中的点，因此它们被形象地称为“粒子”，因此序贯蒙特卡罗技术也称为粒子滤波。

虽然随着粒子数目的增加，粒子集合对单目标状态函数的近似误差将趋近于零。然而在迭代数次之后，绝大多数粒子的权值将变得非常微小，要减小粒子集合对单目标状态函数的近似误差，这些粒子几乎无效，这种现象称为粒子权值退化现象。该现象的出现会导致大量的计算资源被用于更新上述毫无贡献的粒子。然而，由于粒子权值退化现象是不可避免的，因此只能设法削弱其影响。理论上，只要使用足够多的粒子就可以削弱甚至消除权值退化的影响，但是现实中计算资源有限，这种办法并未得到推广。重采样是一种可以有效解决粒子权值退化问题的方法。重采样的基本思想可以概括为，复制权值高的粒子，舍弃权值低的粒子。常见的粒子滤波重采样方法有多项式重采样(Multinomial Resampling)[206]、分层重采样(Stratified Resampling)[207]、残差重采样(Residual Resampling)[208]等。

## 1.3.3 箱粒子滤波技术

箱粒子滤波是近十年来的一种新兴数值计算技术，是粒子滤波与区间分析理论相结合的产物。该技术主要用于解决区间量测下的线性或非线性滤波问题。箱粒子滤波与粒子滤波相似之处在于，前者将当前采样时刻的单目标状态函数近似为一个由若干加权随机样本组成的集合。然而，单个样本在状态空间中所描述的是单个可控矩形小区域而不是单个点，这与粒子滤波截然不同。同时，由于样本对应状态空间中的矩形区域，因此它们被形象地称为“箱”或“箱粒子”。相较于粒子滤波，箱粒子滤波的计算负担更小。例如，在某些应用中，粒子滤波可能需要采用几千个粒子才能够具备精确可靠的性能，而箱粒子滤波只需使用几十个箱粒子就能够达到与之相近的性能水平。

箱粒子滤波的更新过程包含箱粒子在区间量测约束下收缩的操作。箱粒子收缩的目的是修正箱粒子，即剔除箱粒子中与区间量测信息不一致的部分。箱粒子收缩后，其体积减小。换言之，箱粒子所代表的不确定性减小，信息量增大。一个箱粒子在一个区间量测的约束下，其收缩后的体积与收缩前的体积比值，就是给定该箱粒子条件下该区间量测的似然函数值。需要注意的是，箱粒子滤波更新结束时，箱粒子经过收缩，形态发生变化；而对于粒子滤波，更新前后粒子本身不会发生任何变化。此外，为了弱化权值退化的影响，箱粒子滤波与粒子滤波一样，也需要重采样过程，但是二者的重采样过程却略有不同。箱粒子的重采样过程不是将权值高的箱粒子复制多份，而是将权值高的箱粒子分割为多个小箱。

对单个箱可以有两种理解模式[209-210]：

(1) 它代表无数个连续分布在箱内的粒子；

(2) 它代表一个在箱内位置模糊的粒子。

前者将单个箱视作某个均匀分布函数的支撑集。因此，由箱粒子集合所近似的单目标状态函数也可以被视作是一个均匀分布函数的混合，由此观之，箱粒子滤波与高斯混合实现在本质上也存在相似之处。文献[210]证明，均匀分布混合的确可以在状态估计问题中用于近似单目标状态函数。

## 1.4 本章小结

本章主要阐述了基于贝叶斯理论的多目标跟踪技术研究背景及意义。首先，综述了多目标跟踪理论及其发展现状，重点介绍了传感器的量测模型，包含标准量测模型和区间量测模型。然后，综述了 RFS-MTT 方法在工程实现中面临的挑战和与之对应的近似实现理论，主要包括高斯混合技术、序贯蒙特卡罗技术(粒子滤波技术)和箱粒子滤波技术，分析了相关发展动态及国内外研究现状，并引出了亟须解决的关键问题。

# 第 2 章　随机有限集滤波理论与区间分析基础

## 2.1 引　言

基于随机有限集理论与贝叶斯决策理论，可以得到解决多目标跟踪问题的最优方法——贝叶斯多目标滤波。该方法以迭代形式将当前时刻后验多目标概率密度传递至下一采样时刻。由于贝叶斯多目标滤波公式涉及集合积分，而集合积分复杂度高且难以求解，因此目前尚无有效方法实现，只能采用近似计算方法。第 1 章介绍的 PHD 滤波、CPHD 滤波、MeMBer 滤波、CBMeMBer 滤波、GLMB 滤波、LMB 滤波等 RFS 滤波，就是贝叶斯多目标滤波的近似解法。在随机有限集理论框架下研究多目标跟踪算法的主要优势在于，可以将传感器的检测、漏检、虚警以及目标的新生、衍生、消亡等事件，用清晰的统计模型描述。该优势使 RFS 滤波相比于 GNN、JPDA、MHT 等基于数据关联的方法，具有更为优良的可拓展性。拓展后的 RFS 滤波可处理非传统量测、多传感器、机动目标、扩展目标、群目标、未知杂波密度与检测概率、航迹管理等较为复杂的多目标跟踪问题。

区间分析理论[211-214]出现于 20 世纪 50 年代至 60 年代，是以区间变量为研究对象的数学分支。该理论能够在数学计算中界定舍入误差、量测误差的数值范围，从而提高计算结果的可靠性。区间分析理论不仅可以应用于箱粒子滤波，还可以应用于计算机辅助证明[215-218]、全局最优化与约束满足问题[219-222]、计算机图形图像学[223-224]、物理常数计算[225-226]等。

本章主要介绍 RFS 滤波理论和区间分析理论基础。在 RFS 滤波理论部分，重点介绍 LMB 滤波、JGLMB 滤波、MS-JGLMB 滤波。在区间分析理论基础部分，重点介绍区间分析理论中与箱粒子滤波相关的三个概念：区间运算、区间函数和区间收缩。本章内容是后续章节的理论基础，具体来说，第 3 章以 LMB 滤波为多目标跟踪的算法框架，第 4 章以 JGLMB 滤波为算法框架，第 5 章和第 6 章则以 MS-JGLMB 滤波为算法框架。本书中凡涉及箱粒子滤波的内容，均是以区间分析为数学基础的。

# 2.2 随机有限集滤波理论

随机集是一个集合变量，其元素的数目、状态都是随机变化的。随机有限集指集合元素为有限多个的随机集。标签随机有限集是随机有限集的拓展，每个集合元素都有唯一的标签。

将实数空间记作$\mathbb{R}$，目标状态空间记作$\mathbb{X}$，标签空间记作$\mathbb{L}$。为随机有限集 $X\subseteq\mathbb{X}$ 的每个元素 $\boldsymbol{x}\in X$ 赋予标签 $\ell\in L\subseteq\mathbb{L}$，则有标签的目标状态可记作 $\hat{\boldsymbol{x}}\overset{\text{def}}{=}(\boldsymbol{x}, l)$。由 $\hat{\boldsymbol{x}}\in X\times L$ 组成的集合 $\boldsymbol{X}$ 是一个标签随机有限集，“×”表示两个集合的笛卡尔积，$\boldsymbol{X}$ 与 $X$ 具有相同的势分布。任意目标的标签可以用成对数字 $\ell\overset{\text{def}}{=}(k, i)$表示，其中，$k$ 为该目标新生时刻，$i\in\mathbb{N}$ 为该目标在 $k$ 时刻新生目标中的序数。将 $k$ 时刻新生目标的标签空间记作$\mathbb{L}_k$，则$\mathbb{L}_k=\{k\}\times\mathbb{N}$。将 $k$ 时刻所有目标的标签空间记作$\mathbb{L}_{0:k}$，则$\mathbb{L}_{0:k}=\mathbb{L}_{0:k-1}\cup\mathbb{L}_k$，其中 $0:k$ 是序列$\{0, 1, \cdots, k\}$的缩写。

任意函数 $h:\mathbb{X}\times\mathbb{L}\to\mathbb{R}$ 的积分为

$$\int h(\hat{\boldsymbol{x}})\mathrm{d}\hat{\boldsymbol{x}} = \sum_{\ell\in\mathbb{L}}\int_{\mathbb{X}} h((\boldsymbol{x}, \ell))\mathrm{d}\boldsymbol{x} \tag{2-1}$$

## 2.2.1 贝叶斯多目标滤波

将状态空间$\mathbb{X}$的全体有限子集所组成的集合记作$\mathcal{F}(\mathbb{X})$。定义任意函数 $f$: $\mathcal{F}(\mathbb{X}\times\mathbb{L})\to\mathbb{R}$ 的集合积分为

$$\int f(\boldsymbol{X})\delta\boldsymbol{X} = \sum_{i=0}^{\infty}\frac{1}{i!}\int f(\{\hat{\boldsymbol{x}}_1, \hat{\boldsymbol{x}}_2, \cdots, \hat{\boldsymbol{x}}_i\})\mathrm{d}(\hat{\boldsymbol{x}}_1, \hat{\boldsymbol{x}}_2, \cdots, \hat{\boldsymbol{x}}_i) \tag{2-2}$$

将 $k$ 时刻的多目标状态记作 $\boldsymbol{X}_k\overset{\text{def}}{=}\{\hat{\boldsymbol{x}}_{k,1}, \hat{\boldsymbol{x}}_{k,2}, \cdots, \hat{\boldsymbol{x}}_{k,N(k)}\}$，多目标量测集合记作 $\boldsymbol{Z}_k\overset{\text{def}}{=}\{\boldsymbol{z}_{k,1}, \boldsymbol{z}_{k,2}, \cdots, \boldsymbol{z}_{k,M(k)}\}$，本书中“$\overset{\text{def}}{=}$”符号意义为定义。在给定量

测历史 $\boldsymbol{Z}_{0:k}\overset{\text{def}}{=}(\boldsymbol{Z}_0, \boldsymbol{Z}_1, \cdots, \boldsymbol{Z}_k)$的条件下，多目标状态集合的所有信息都包含在后验多目标概率密度 $\pi_{0:k}(\boldsymbol{X}_{0:k}|\boldsymbol{Z}_{0:k})$中。当 $k\geqslant 1$ 时，$\pi_{0:k}(\boldsymbol{X}_{0:k}|\boldsymbol{Z}_{0:k})$为

$$\pi_{0:k}(\boldsymbol{X}_{0:k} \mid \boldsymbol{Z}_{0:k}) \propto g_k(\boldsymbol{Z}_k \mid \boldsymbol{X}_k) f_{k|k-1}(\boldsymbol{X}_k \mid \boldsymbol{X}_{k-1}) \pi_{0:k-1}(\boldsymbol{X}_{0:k-1} \mid \boldsymbol{Z}_{0:k-1}) \tag{2-3}$$

其中，$\boldsymbol{X}_{0:k}\overset{\text{def}}{=}(\boldsymbol{X}_0, \boldsymbol{X}_1, \cdots, \boldsymbol{X}_k)$表示 0 到 $k$ 时刻所有目标状态的集合，$g_k(\boldsymbol{Z}_k|\boldsymbol{X}_k)$表示 $k$ 时刻多目标量测似然函数，$f_{k|k-1}(\boldsymbol{X}_k|\boldsymbol{X}_{k-1})$表示 $k-1$ 时刻到 $k$ 时刻多目标状态转移密度函数。多目标量测似然函数用于描述传感器的检测、漏检、虚警等事件，多目标状态转移密度函数用于描述目标运动、新生、衍生、消亡等事件。

多目标滤波考虑的是后验多目标概率密度在当前时刻的边缘分布 $\pi_k(\boldsymbol{X}_k|\boldsymbol{Z}_{0:k})$。为简单起见，假设当前时刻状态只取决于当前时刻量测，即 $\pi_k(\boldsymbol{X}_k|\boldsymbol{Z}_{0:k})=\pi_k(\boldsymbol{X}_k|\boldsymbol{Z}_k)$。将 $k$ 时刻预测后的多目标概率密度函数记作 $\pi_{k|k-1}(\boldsymbol{X}_k)$，更新后的多目标概率密度函数记作 $\pi_k(\boldsymbol{X}_k|\boldsymbol{Z}_k)$，则贝叶斯多目标滤波的预测与更新过程分别为

$$\pi_{k|k-1}(\boldsymbol{X}_k) = \int \pi_{k-1}(\boldsymbol{X}_{k-1} \mid Z_{k-1}) f_{k|k-1}(\boldsymbol{X}_k \mid \boldsymbol{X}_{k-1}) \delta \boldsymbol{X}_{k-1} \tag{2-4}$$

$$\pi_k(\boldsymbol{X}_k \mid Z_k) = \frac{g_k(Z_k \mid \boldsymbol{X}_k) \pi_{k|k-1}(\boldsymbol{X}_k)}{\int g_k(Z_k \mid \boldsymbol{X}_k) \pi_{k|k-1}(\boldsymbol{X}_k) \delta \boldsymbol{X}_k} \tag{2-5}$$

更新后的多目标概率密度函数 $\pi_k(\boldsymbol{X}_k|\boldsymbol{Z}_k)$包含 $k$ 时刻关于多目标状态的所有信息，包括目标数目、状态以及航迹。

## 2.2.2　联合预测与更新广义标签多伯努利滤波

### 1. 定义

定义多目标指数函数 $f^X \overset{\text{def}}{=} \prod_{\hat{x}\in X} f(\hat{x})$，当 $\boldsymbol{X}=\varnothing$ 时，有 $f^{\varnothing}\overset{\text{def}}{=}1$。

定义广义克罗内克(Generalized Kronecker Delta) 函数：

$$\delta_Y(X) \overset{\text{def}}{=} \begin{cases} 1, & X = Y \\ 0, & X \neq Y \end{cases} \tag{2-6}$$

式中，$\delta_Y(X)$的自变量 $X$ 可以取任何形式，如集合、向量、矩阵等。

定义广义指示函数：

$$1_Y(X) \overset{\text{def}}{=} \begin{cases} 1, & X \subseteq Y \\ 0, & X \nsubseteq Y \end{cases} \tag{2-7}$$

式中，$X$ 与 $Y$ 均表示集合。

定义函数$\mathcal{L}:\mathbb{X}\times\mathbb{L}\to\mathbb{L}$，则对有标签目标状态 $\hat{\boldsymbol{x}}\in\mathbb{X}\times\mathbb{L}$，有$\mathcal{L}(\hat{\boldsymbol{x}})=\ell$。针对多目标状态集合 $\boldsymbol{X}\subseteq\mathbb{X}\times\mathbb{L}$，定义标签集合$\mathcal{L}_X \overset{\text{def}}{=}\{\mathcal{L}(\hat{\boldsymbol{x}}), \hat{\boldsymbol{x}}\in\boldsymbol{X}\}$。将任意集合 $Y$ 的势(即元素数目) 记作$|Y|$。如果 $\boldsymbol{X}$ 中元素标签各异，即$|\mathcal{L}_X|=|\boldsymbol{X}|$，则称 $\boldsymbol{X}$ 具有标签各异性。定义 $\boldsymbol{X}$ 的标签各异性指示函数为$\Delta(\boldsymbol{X})\overset{\text{def}}{=}\delta_{|X|}(|\mathcal{L}_X|)$，当 $\boldsymbol{X}$ 具有标签各异性时，有 $\Delta(\boldsymbol{X})=1$，否则 $\Delta(\boldsymbol{X})=0$。

定义关联映射 $\theta_k:\mathbb{L}_{0:k}\to\{0, 1, \cdots, |\boldsymbol{Z}_k|\}$。对于任意标签 $\ell\in\mathbb{L}_{0:k}$和整数 $0\leqslant j\leqslant|\boldsymbol{Z}_k|$，假如 $j=\theta_k(\ell)$，那么根据数学映射的定义，$\ell$ 可称为$j$ 关于$\theta_k$ 的原象，$j$ 可称为 $\ell$ 关于 $\theta_k$ 的象。将$\mathbb{L}_{0:k}$中具有正数象的标签所组成的集合记作$\mathbb{L}_{0:k}^{+}\subseteq\mathbb{L}_{0:k}$，并将与之对应的正数象的集合记作$\mathbb{J}^+\subseteq\{1, \cdots, |\boldsymbol{Z}_k|\}$，则映射 $f$：$\mathbb{L}_{0:k}^{+}\to\mathbb{J}^+$是一个双射。换言之，对于任意两个标签 $\ell$，$\ell'\in\mathbb{L}_{0:k}$，如果 $\theta_k(\ell)=\theta_k(\ell')>0$，则 $\ell=\ell'$。为便于表述，本书将 $\theta_k$ 的上述性质简称为正象双射性质。$\theta_k$ 是定义在$\mathbb{L}_{0:k}$上的关联映射，所属的关联映射空间可记作 $\Theta_k(L_{0:k})$。对于任意集合 $L\subseteq\mathbb{L}_{0:k}$，定义在 $L$ 上的关联映射$\theta_{k,L}:L\to\{0, 1, \cdots, |Z_k|\}$所属的关联映射空间可记作 $\Theta_k(L)$，则 $\Theta_k(L)\subseteq\Theta_k(\mathbb{L}_{0:k})$。定义 $k$ 时刻关联映射历史 $\xi_k \overset{\text{def}}{=}(\theta_1, \theta_2, \cdots, \theta_k)$，定义关联映射历史空间 $\Xi_k \overset{\text{def}}{=}\Theta_1(\mathbb{L}_1)\times\Theta_2(\mathbb{L}_2)\times\cdots\times\Theta_k(\mathbb{L}_{0:k})$。

为简便起见，后面如无特别声明，本节中 $k$ 时刻的集合、多目标概率密度函数、单目标状态分布等实体的符号省略下标 $k$；$k+1$ 时刻实体的符号使用下标“$+$”。下文记$\mathbb{L}\overset{\text{def}}{=}\mathbb{L}_{0:k}$，$\mathbb{B}_+\overset{\text{def}}{=}\mathbb{L}_{k+1}$，$\mathbb{L}_+\overset{\text{def}}{=}\mathbb{L}\cup\mathbb{B}_+$。

**2. 联合预测与更新**

将 $k$ 时刻的后验 GLMB 多目标概率密度函数[23-24]记作

$$\pi(\boldsymbol{X}) = \Delta(\boldsymbol{X})\sum_{I\subseteq\mathbb{L}}\sum_{\xi\in\Xi}\omega^{(I,\xi)}\delta_I[\mathcal{L}_X][p^{(\xi)}]^X \tag{2-8}$$

式中，$I$ 表示标签集合，二元组合$(I, \xi)$表示一个航迹假设，$\omega^{(I,\xi)}$表示假设$(I, \xi)$的权值，$p^{(\xi)}(\hat{\boldsymbol{x}})\overset{\text{def}}{=}p^{(\xi)}(\boldsymbol{x}, \ell)$表示在关联映射历史 $\xi$ 下，航迹 $\ell$ 的状态分布。

将 $k+1$ 时刻的新生标签空间记作$\mathbb{B}_+$。将新生过程建模为标签多伯努利形式，并将其多目标概率密度函数记作

$$\pi_{B,+}(\boldsymbol{X}) = \Delta(\boldsymbol{X})[1_{\mathbb{B}_+} r_{B,+}]^{\mathcal{L}_X}[1-r_{B,+}]^{\mathbb{B}_+-\mathcal{L}_X} p_{B,+}^X \tag{2-9}$$

式中，$r_{B,+}(\ell)$表示新生航迹 $\ell\in\mathbb{B}_+$ 的存在概率，$p_{B,+}(\hat{\boldsymbol{x}})\overset{\text{def}}{=}p_{B,+}(\boldsymbol{x},\ell)$表示航迹 $\ell$ 的状态分布。

假设已知 $k$ 时刻与 $k+1$ 时刻新生的多目标概率密度函数 $\pi(\boldsymbol{X})$与 $\pi_{B,+}(\boldsymbol{X})$分别如式(2-8)与式(2-9)所示，则 $k+1$ 时刻的后验 GLMB 多目标概率密度函数为[25]

$$\pi_+(\boldsymbol{X}) \propto \Delta(\boldsymbol{X}) \sum_{I,\xi,I_+,\theta_+} \omega^{(I,\xi)} \omega_{Z_+}^{(I,\xi,I_+,\theta_+)} \delta_{I_+}[\mathcal{L}_X][p_{Z_+}^{(\xi,\theta_+)}]^X \tag{2-10}$$

式中，$I\subseteq\mathbb{L}$，$\xi\in\Xi$，$I_+\subseteq L_+$，$\theta_+\in\Theta_+(I_+)$。

$$\begin{aligned}\omega_{Z_+}^{(I,\xi,I_+,\theta_+)} = {} & 1_{\Theta_+(I_+)}(\theta_+)[1-\bar{P}_S^{(\xi)}]^{I-I_+}[\bar{P}_S^{(\xi)}]^{I\cap I_+}\times \\ & [1-r_{B,+}]^{\mathbb{B}_+-I_+} r_{B,+}^{\mathbb{B}_+\cap I_+}[\bar{\psi}_{Z_+}^{(\xi,\theta_+)}]^{I_+}\end{aligned} \tag{2-11}$$

$$\bar{P}_S^{(\xi)}(\ell) = \int p^{(\xi)}(\boldsymbol{x},\ell) P_S(\boldsymbol{x},\ell)\mathrm{d}\boldsymbol{x} \tag{2-12}$$

$$\bar{\psi}_{Z_+}^{(\xi,\theta_+(\ell))}(\ell) = \int \bar{p}_+^{(\xi)}(\boldsymbol{x},\ell)\psi_{Z_+}^{(\theta_+(\ell))}(\boldsymbol{x},\ell)\mathrm{d}\boldsymbol{x} \tag{2-13}$$

$$\begin{aligned}\bar{p}_+^{(\xi)}(\boldsymbol{x},\ell) = {} & 1_{\mathbb{L}}(\ell)\frac{\int P_S(\boldsymbol{x}',\ell) f(\boldsymbol{x}\mid\boldsymbol{x}',\ell) p^{(\xi)}(\boldsymbol{x}',\ell)\mathrm{d}\boldsymbol{x}'}{\bar{P}_S^{(\xi)}(\ell)} + \\ & 1_{\mathbb{B}_+}(\ell) p_{B,+}(\boldsymbol{x},\ell)\end{aligned} \tag{2-14}$$

$$p_{Z_+}^{(\xi,\theta_+(\ell))}(\boldsymbol{x},\ell) = \frac{\bar{p}_+^{(\xi)}(\boldsymbol{x},\ell)\psi_{Z_+}^{(\theta_+(\ell))}(\boldsymbol{x},\ell)}{\bar{\psi}_{Z_+}^{(\xi,\theta_+(\ell))}(\ell)} \tag{2-15}$$

$$\psi_{Z_+}^{(j)}(\boldsymbol{x},\ell) = \begin{cases} \dfrac{P_d(\boldsymbol{x},\ell) g(\boldsymbol{z}_j\mid\boldsymbol{x},\ell)}{\kappa(\boldsymbol{z}_j)}, & j\neq 0 \\ 1-P_d(\boldsymbol{x},\ell), & j=0 \end{cases} \tag{2-16}$$

式(2-11)～式(2-16)中，$Z_+$表示 $k+1$ 时刻量测集合，$P_S(\boldsymbol{x},\ell)$表示目标存活概率函数，$P_d(\boldsymbol{x},\ell)$表示传感器检测概率函数，$f(\boldsymbol{x}|\boldsymbol{x}',\ell)$表示单目标状态转移密度函数，$g(\boldsymbol{z}_j|\boldsymbol{x},\ell)$表示标准量测似然函数，$\kappa(\boldsymbol{z}_j)$表示杂波强度函数。

为了将式(2-10)转化为式(2-8)的形式，令

$$\omega_{Z_+}^{(I_+,\xi_+)} = \omega_{Z_+}^{(I_+,\xi,\theta_+)} \propto \sum_I \omega^{(I,\xi)}\omega_{Z_+}^{(I,\xi,I_+,\theta_+)} \tag{2-17}$$

式中，$\xi_+\overset{\text{def}}{=}(\xi,\theta_+)$表示将 $k+1$ 时刻的关联映射 $\theta_+$ 添加到关联映射历史。将式(2-17)代入式(2-10)并进行归一化，省略下标“$Z_+$”，则 $k+1$ 时刻的后验

GLMB 多目标概率密度为

$$\pi_{+}(\boldsymbol{X})=\Delta(\boldsymbol{X})\sum_{I_{+}\subseteq\mathbb{L}_{+}}\sum_{\xi_{+}\in\Xi_{+}}\omega^{(I_{+},\xi_{+})}\delta_{I_{+}}[\mathcal{L}_{X}][p^{(\xi_{+})}]^{X} \tag{2-18}$$

GLMB 多目标概率密度从上一采样时刻传递到下一采样时刻，经历了航迹假设数量的指数式增长。由式(2-10)和式(2-11)可知，$k$ 时刻多目标概率密度式(2-8)中，每个航迹假设项$(I, \xi)$在 $k+1$ 时刻衍生出一系列子假设

$$\{(I, \xi, I_{+}, \theta_{+}): I_{+}\subseteq\mathbb{L}_{+}, \theta_{+}\in\Theta_{+}(I_{+})\} \tag{2-19}$$

这些子假设的权值正比于 $\omega_{Z_{+}}^{(I, \xi, I_{+}, \theta_{+})}$。为了控制计算量在合理范围之内，需要在每一采样时刻对 GLMB 多目标概率密度进行截断。对函数$\pi_{+}(\boldsymbol{X})$进行截断的过程可概括为：(1) 从每个航迹假设$(I, \xi)$的子假设集合式(式(2-19))中，筛选一定数量高权值子假设，舍弃其余权值微小、可忽略不计的假设；(2) 合并所有假设$(I, \xi)$的筛选后的子假设集合，就得到截断的 GLMB 多目标概率密度。

**3. 多目标概率密度函数截断**

下面介绍对航迹假设$(I, \xi)$的子假设集合式(式(2-19))进行截断的具体操作方法[25]。

枚举 $k+1$ 时刻量测集合 $\boldsymbol{Z}_{+}$，将其记作 $\boldsymbol{Z}_{+}\overset{\text{def}}{=}\{\boldsymbol{z}_1, \boldsymbol{z}_2, \cdots, \boldsymbol{z}_M\}$；枚举 $k$ 时刻标签集合 $I$，将其记作 $I\overset{\text{def}}{=}\{\ell_1, \ell_2, \cdots, \ell_R\}$；枚举 $k+1$ 时刻新生标签集合 $\mathbb{B}_{+}\overset{\text{def}}{=}\{\ell_{R+1}, \ell_{R+2}, \cdots, \ell_P\}$。对子假设集合式(2-19)进行截断，就是从中找出 $T$ 个权值 $\omega_{Z_{+}}^{(I, \xi, I_{+}, \theta_{+})}$ 较高的假设，这里 $T$ 是人为调节的参数。

为每个二元组合$(I_{+}, \theta_{+})$定义 $P$ 维数组 $\gamma\overset{\text{def}}{=}(\gamma_1, \gamma_2, \cdots, \gamma_P)\in\{-1, 0, \cdots, M\}^P$，其中$\{-1, 0, \cdots, M\}^P$ 表示 $P$ 个整数集合$\{-1, 0, \cdots, M\}$的笛卡尔积。数组 $\gamma$ 的每个元素为

$$\gamma_i\overset{\text{def}}{=}\begin{cases}\theta_{+}(\ell_i), & \ell_i\in I_{+}\\ -1, & \ell_i\notin I_{+}\end{cases} \tag{2-20}$$

$\gamma_i$ 为基于 $k$ 时刻标签的映射元素，与 $\theta_{+}$ 类似，$\gamma_i$ 也具有正象双射性质，即对任意 $i, i'\in\{1, 2, \cdots, P\}$，若 $\gamma_i=\gamma_{i'}>0$，则 $i=i'$。将 $P$ 维数组空间$\{-1, 0, \cdots, M\}^P$ 中所有满足正象双射性质的元素所组成的集合记作 $\Gamma$。

从 $\gamma\in\Gamma$ 可以复原 $k+1$ 时刻标签集合 $I_{+}$ 与关联映射 $\theta_{+}: I_{+}\rightarrow\{0, 1, \cdots, M\}$。复原方法如下：

$$I_{+} = \{\ell_i \in I \cup \mathbb{B}_{+} : \gamma_i \geqslant 0\} \tag{2-21}$$

$$\theta_{+}(\ell_i) = \gamma_i \tag{2-22}$$

由式(2-20)和式(2-22)可得，$1_{\Gamma}(\gamma)=1_{\Theta_{+}(I_{+})}(\theta_{+})$。

对于任意整数 $i\in\{1, 2, \cdots, P\}$，假设平均存活概率 $\bar{P}_{\mathrm{S}}^{(\xi)}(\ell_i)\in(0, 1)$，平均检测概率 $\bar{P}_{\mathrm{d}}^{(\xi)}(\ell_i)\in(0, 1)$，其中 $\bar{P}_{\mathrm{S}}^{(\xi)}(\ell_i)$由式(2-12)给出，则 $\bar{P}_{\mathrm{d}}^{(\xi)}(\ell_i)$为

$$\bar{P}_{\mathrm{d}}^{(\xi)}(\ell_i) \stackrel{\mathrm{def}}{=} \int \bar{p}_{+}^{(\xi)}(\boldsymbol{x}, \ell_i) P_{\mathrm{d}}(\boldsymbol{x}, \ell_i) \mathrm{d}\boldsymbol{x} \tag{2-23}$$

定义

$$\eta_i(j) \stackrel{\mathrm{def}}{=} \begin{cases} 1-\bar{P}_{\mathrm{S}}^{(\xi)}(\ell_i), & 1\leqslant i\leqslant R,\ j<0 \\ \bar{P}_{\mathrm{S}}^{(\xi)}(\ell_i)\bar{\psi}_{Z_{+}}^{(\xi, j)}(\ell_i), & 1\leqslant i\leqslant R,\ j\geqslant 0 \\ 1-r_{B,+}(\ell_i), & R+1\leqslant i\leqslant P,\ j<0 \\ r_{B,+}(\ell_i)\bar{\psi}_{Z_{+}}^{(\xi, j)}(\ell_i), & R+1\leqslant i\leqslant P,\ j\geqslant 0 \end{cases} \tag{2-24}$$

式中，平均量测更新系数 $\bar{\psi}_{Z_{+}}^{(\xi, j)}(\ell_i)$由式(2-13)给出，整数 $j\stackrel{\mathrm{def}}{=}\gamma_i\in\{-1, 0, \cdots, M\}$。整数 $j>0$ 表示第 $j$ 个量测与目标 $\ell_i$ 相关联，$j=0$ 表示传感器漏检测目标 $\ell_i$，$j=-1$ 表示目标 $\ell_i$ 消亡。

根据式(2-22)，可得 $\bar{\psi}_{Z_{+}}^{(\xi, \gamma_i)}(\ell_i)=\bar{\psi}_{Z_{+}}^{(\xi, \theta_{+}(\ell_i))}(\ell_i)$，在此基础上，结合式(2-24)，可得

$$\prod_{n=1}^{R} \eta_n(\gamma_n) = [1-\bar{P}_{\mathrm{S}}^{(\xi)}]^{I-I_{+}} [\bar{P}_{\mathrm{S}}^{(\xi)}\bar{\psi}_{Z_{+}}^{(\xi, \theta_{+})}]^{I\cap I_{+}} \tag{2-25}$$

$$\prod_{n=R+1}^{P} \eta_n(\gamma_n) = [1-r_{B,+}]^{\mathbb{B}_{+}-I_{+}} [r_{B,+}\bar{\psi}_{Z_{+}}^{(\xi, \theta_{+})}]^{\mathbb{B}_{+}\cap I_{+}} \tag{2-26}$$

参考式(2-25)和式(2-26)，整理式(2-11)，可将之简化为

$$\omega_{Z_{+}}^{(I, \xi, I_{+}, \theta_{+})} = 1_{\Gamma}(\gamma)\prod_{i=1}^{P}\eta_i(\gamma_i) \tag{2-27}$$

最终，通过选择子假设集合式(2-19)中权值 $\omega_{Z_{+}}^{(I, \xi, I_{+}, \theta_{+})}$ 较高的 $T$ 个假设，可以得到 $T$ 个系数 $\prod_{i=1}^{P}\eta_i(\gamma_i)$ 较高的数组 $\gamma$。

不穷举所有 $\gamma$ 而找出其中高权值 $\gamma$ 的方法有两种：排序分配算法[151-153]和吉布斯采样算法[25, 227-228]。

排序分配算法的计算复杂度高，例如，Murty 算法[151]的复杂度为$\mathcal{O}(T(M+2P)^4)$，其改进算法[152-153]的复杂度为$\mathcal{O}(T(M+2P)^3)$。排序分配算法除能够得到前 $T$ 个权值最高的数组 $\gamma$ 之外，还能够得到这些数组 $\gamma$ 权值从高到低的顺序。然而，对 GLMB 截断问题而言，只需要知道哪些 $\gamma$ 权值较大，不需要知道其权值大小的顺序。换言之，排序分配算法所得到的数组顺序是多余的，为其消耗计算资源并无收益。

吉布斯采样算法可以替代排序分配算法用于 GLMB 截断。吉布斯采样算法的计算复杂度为$\mathcal{O}(TP^2M)$，远低于排序分配算法。该算法能够得到 $T$ 个权值较高的数组 $\gamma$，无需考虑数组顺序，因此没有消耗计算资源却做无用功的问题。

## 2.2.3 多传感器联合预测与更新广义标签多伯努利滤波

### 1. 联合预测与更新

在多传感器目标跟踪系统中，假设已知 $k$ 时刻的后验 GLMB 多目标概率密度 $\pi(\boldsymbol{X})$如式(2-8)所示，$k+1$ 时刻新生多目标概率密度$\pi_{B,+}(\boldsymbol{X})$如式(2-9)所示，则 $k+1$ 时刻的后验 GLMB 多目标概率密度[200]仍可记作式(2-10)的形式。相比于 JGLMB 滤波，MS-JGLMB 滤波多目标概率密度的形式不变，但是与量测相关的一些函数或变量则需要重新定义。

将传感器总数记作 $S$，$k+1$ 时刻第 $s$ 个传感器的量测集合记作 $\boldsymbol{Z}_+^{(s)}$。基于 $\boldsymbol{Z}_+^{(s)}$，定义关联映射为

$$\theta_+^{(s)}:\mathbb{L}_+\rightarrow\{0,1,\cdots,|\boldsymbol{Z}_+^{(s)}|\} \tag{2-28}$$

式中，$\theta_+^{(s)}$满足正象双射性质，即对任意两个标签 $\ell$，$\ell'\in\mathbb{L}_+$，当 $\theta_+^{(s)}(\ell)=\theta_+^{(s)}(\ell')>0$ 时，则 $\ell=\ell'$。将关联映射 $\theta_+^{(s)}$ 所属的关联映射空间记作 $\Theta_+^{(s)}(\mathbb{L}_+)$。对于任意一个集合 $L\subseteq\mathbb{L}_+$，将定义在 $L$ 上的关联映射所属的空间记作$\Theta_+^{(s)}(L)$，则有 $\Theta_+^{(s)}(L)\subseteq\Theta_+^{(s)}(\mathbb{L}_+)$。量测集合 $\boldsymbol{Z}_+^{(s)}$ 的量测更新系数

$$\psi_{Z_+^{(s)}}^{(s,j^{(s)})}(\boldsymbol{x},\ell)=\begin{cases}\dfrac{P_{\mathrm{d}}^{(s)}(\boldsymbol{x},\ell)g^{(s)}(\boldsymbol{z}_{j^{(s)}}^{(s)}\mid\boldsymbol{x},\ell)}{\kappa^{(s)}(z_{j^{(s)}}^{(s)})}, & j^{(s)}=1,2,\cdots,|\boldsymbol{Z}_+^{(s)}|\\ 1-P_{\mathrm{d}}^{(s)}(\boldsymbol{x},\ell), & j^{(s)}=0\end{cases} \tag{2-29}$$

将 $k+1$ 时刻全体量测集合记作 $\boldsymbol{Z}_+ \stackrel{\text{def}}{=} \boldsymbol{Z}_+^{(1:S)}$。假设各传感器相互独立，记 $\theta_+ \stackrel{\text{def}}{=} \theta_+^{(1:S)}$，$\Theta_+(\mathbb{L}_+) \stackrel{\text{def}}{=} \Theta_+^{(1)}(\mathbb{L}_+) \times \Theta_+^{(2)}(\mathbb{L}_+) \times \cdots \times \Theta_+^{(S)}(\mathbb{L}_+)$，$\Theta_+(L) \stackrel{\text{def}}{=} \Theta_+^{(1)}(L) \times \Theta_+^{(2)}(L) \times \cdots \times \Theta_+^{(S)}(L)$。$1_{\Theta(I_+)}(\theta) \stackrel{\text{def}}{=} \prod_{s=1}^{S} 1_{\Theta^{(s)}(I_+)}(\theta^{(s)})$。多传感器量测集合 $\boldsymbol{Z}_+$ 的量测更新系数为

$$\psi_{Z_+}^{(j^{(1:S)})}(\boldsymbol{x}, \ell) = \prod_{s=1}^{S} \psi_{Z_+^{(s)}}^{(s, j^{(s)})}(\boldsymbol{x}, \ell) \tag{2-30}$$

**2. 多目标概率密度函数截断**

下面介绍在多传感器条件下对子假设集合式(2-19)进行截断的方法[200]。

枚举 $k+1$ 时刻第 $s$ 个传感器量测集合 $\boldsymbol{Z}_+^{(s)}$，将其记作 $\boldsymbol{Z}_+^{(s)} \stackrel{\text{def}}{=} \{\boldsymbol{z}_1^{(s)}, \boldsymbol{z}_2^{(s)}, \cdots, \boldsymbol{z}_{M^{(s)}}^{(s)}\}$；枚举 $k$ 时刻标签集合 $I$，将其记作 $I \stackrel{\text{def}}{=} \{\ell_1, \ell_2, \cdots, \ell_R\}$；枚举 $k+1$ 时刻新生标签集合 $\mathbb{B}_+ \stackrel{\text{def}}{=} \{\ell_{R+1}, \ell_{R+2}, \cdots, \ell_P\}$。对子假设集合式(2-19)进行截断就是从中找出 $T$ 个权值 $\omega_{Z_+}^{(I, \xi, I_+, \theta_+)}$ 较高的假设，$T$ 是人为调节的参数。

为每个二元组合$(I_+, \theta_+)$定义矩阵：

$$\boldsymbol{\gamma} \stackrel{\text{def}}{=} \begin{bmatrix} \gamma_1^{(1)} & \gamma_1^{(2)} & \cdots & \gamma_1^{(S)} \\ \gamma_2^{(1)} & \gamma_2^{(2)} & \cdots & \gamma_2^{(S)} \\ \vdots & \vdots & & \vdots \\ \gamma_P^{(1)} & \gamma_P^{(2)} & \cdots & \gamma_P^{(S)} \end{bmatrix} \tag{2-31}$$

其中，

$$\gamma_P^{(s)} \stackrel{\text{def}}{=} \begin{cases} \theta_+^{(s)}(\ell_i), & \ell_i \in I_+ \\ -1, & \ell_i \notin I_+ \end{cases} \tag{2-32}$$

为便于描述，将矩阵 $\boldsymbol{\gamma}$ 的第 s 列记作$\gamma^{(s)}$，第 i 行记作$\gamma_i$。显然，$\gamma_i^{(s)}$ 具有正象双射性质，即当 $\gamma_i^{(s)} = \gamma_{i'}^{(s)} > 0$ 时，则 $i = i'$。如果第 i 个目标消亡，则$\gamma_i$ 整行元素都置为$-1$。$\boldsymbol{\gamma}$ 中只要有一个元素等于$-1$，则其所在行整行都取$-1$，换言之，不可能在某一行有$-1$ 与非$-1$ 整数共存的情况。

为将单传感器吉布斯采样算法推广至多传感器情况，可将马尔可夫链定义在如下空间中：

$$(\{-1\}^S \uplus \{0:M^{(1)}\} \times \cdots \times \{0:M^{(S)}\})^P \tag{2-33}$$

式中，$\uplus$是不相交并集的符号。如此一来，吉布斯采样算法就不会产生在某一

行有−1与非−1整数共存的$\boldsymbol{\gamma}$。将空间式(2-33)中所有满足正象双射性质的元素组成的集合记作$\Gamma$。从$\boldsymbol{\gamma}\in\Gamma$可以复原$k+1$时刻标签集合$I_+$与关联映射$\theta_+:I_+\to\{0:M^{(1)}\}\times\{0:M^{(2)}\}\times\cdots\times\{0:M^{(S)}\}$。复原方法如下：

$$I_+=\{\ell_i\in I\cup\mathbb{B}_+:\gamma_i\succeq 0\} \tag{2-34}$$

$$\theta_+(\ell_i)=\gamma_i \tag{2-35}$$

式中，$\gamma_i\succeq 0$表示$\gamma_i$整行元素都大于等于0。于是，$1_\Gamma(\boldsymbol{\gamma})\overset{\text{def}}{=}1_{\Theta_+(I_+)}(\theta_+)$，并且$\Gamma$的元素与$\Theta_+(I_+)$的元素有一一对应的关系。

对于任意整数$i\in\{1,2,\cdots,P\}$，假设平均存活概率$\bar{P}_{\mathrm{S}}^{(\xi)}(\ell_i)\in(0,1)$，平均检测概率$\bar{P}_{\mathrm{d}}^{(\xi)}(\ell_i)\in(0,1)$，其中$\bar{P}_{\mathrm{S}}^{(\xi)}(\ell_i)$由式(2-12)给出，$\bar{P}_{\mathrm{d}}^{(\xi)}(\ell_i)$由式(2-23)给出。定义

$$\eta_i(j^{(1:S)})\overset{\text{def}}{=}\begin{cases}1-\bar{P}_{\mathrm{S}}^{(\xi)}(\ell_i), & 1\leqslant i\leqslant R,\ j^{(1:S)}\prec 0\\ \bar{P}_{\mathrm{S}}^{(\xi)}(\ell_i)\bar{\psi}_{Z_+}^{(\xi,\ j^{(1:S)})}(\ell_i), & 1\leqslant i\leqslant R,\ j^{(1:S)}\succeq 0\\ 1-r_{B,+}(\ell_i), & R+1\leqslant i\leqslant P,\ j^{(1:S)}\prec 0\\ r_{B,+}(\ell_i)\bar{\psi}_{Z_+}^{(\xi,\ j^{(1:S)})}(\ell_i), & R+1\leqslant i\leqslant P,\ j^{(1:S)}\succeq 0\end{cases} \tag{2-36}$$

式中，

$$\bar{\psi}_{Z_+}^{(\xi,\ j^{(1:S)})}(\ell_i)=\int\bar{p}_+^{(\xi)}(\boldsymbol{x},\ \ell_i)\psi_{Z_+}^{(j^{(1:S)})}(\boldsymbol{x},\ \ell_i)\mathrm{d}\boldsymbol{x} \tag{2-37}$$

$j^{(1:S)}\prec 0$表示序列所有元素小于0，$j^{(1:S)}\succeq 0$表示序列所有元素大于等于0，$\psi_{Z_+}^{(j^{(1:S)})}(\boldsymbol{x},\ \ell_i)$由式(2-30)给出，$j^{(1)}$，$j^{(2)}$，…，$j^{(S)}$表示各传感器量测集合中与目标$\ell_i$相关联的量测的序号，$j^{(s)}=0$表示目标$\ell_i$被第$s$个传感器漏检，$j^{(1)}=j^{(2)}=\cdots=j^{(S)}=-1$表示目标$\ell_i$消亡。

与JGLMB滤波类似，MS-JGLMB有

$$\omega_{Z_+}^{(I,\ \xi,\ I_+,\ \theta_+)}=1_\Gamma(\gamma)\prod_{i=1}^{P}\eta_i(\gamma_i) \tag{2-38}$$

通过多传感器吉布斯采样算法[200]，可以得到$T$个系数$\prod_{i=1}^{P}\eta_i(\gamma_i)$较高的数组$\gamma$，从而得到$T$个权值$\omega_{Z_+}^{(I,\ \xi,\ I_+,\ \theta_+)}$较高的假设。

## 2.2.4 标签多伯努利滤波

### 1. 多目标概率密度

伯努利随机有限集 $\boldsymbol{X}$ 有 $1-r$ 的概率是空集，有 $r$ 的概率仅包含单个元素 $\boldsymbol{x}$，且该元素服从定义在状态空间$\mathbb{X}$上的概率密度函数 $p(\boldsymbol{x})$。$M$ 个相互独立的伯努利随机有限集 $\boldsymbol{X}^{(i)}$ 的并集 $Y=\bigcup_{i=1}^{M}X^{(i)}$ 就是一个多伯努利随机有限集。当多伯努利随机有限集的元素得到标签时，就形成了标签多伯努利随机有限集。

标签多伯努利随机有限集完全可以由参数集合$\{(r^{(\ell)}, p^{(\ell)}):\ell\in\mathbb{L}\}$来描述。定义在空间$\mathbb{X}\times\mathbb{L}$上的 LMB 多目标概率密度函数由下式给出：

$$\pi(\{(\boldsymbol{x}_1, \ell_1), \cdots, (\boldsymbol{x}_n, \ell_n)\}) = \delta_n(|\{\ell_1, \cdots, \ell_n\}|)\prod_{\ell\in\mathbb{L}}(1-r^{(\ell)})\times \prod_{j=1}^{n}\frac{1_{\mathbb{L}}(\ell_j)r^{(\ell_j)}p^{(\ell_j)}(\boldsymbol{x}_j)}{1-r^{(\ell_j)}} \tag{2-39}$$

式(2-39)也可以表示为

$$\pi(\boldsymbol{X}) = \Delta(\boldsymbol{X})\omega(\mathcal{L}_X)p^X \tag{2-40}$$

式中，

$$\omega(\mathcal{L}_X) = \prod_{\ell\in\mathbb{L}}(1-r^{(\ell)})\prod_{\ell\in\mathcal{L}_X}\frac{1_{\mathcal{L}_X}(\ell)r^{(\ell)}}{1-r^{(\ell)}} \tag{2-41}$$

$$p(\hat{\boldsymbol{x}}) = p(\boldsymbol{x}, \ell) = p^{(\ell)}(\boldsymbol{x}) \tag{2-42}$$

为表达简便，参数集合$\{(r^{(\ell)}, p^{(\ell)}):\ell\in\mathbb{L}\}$也被用于描述 LMB 多目标概率密度函数 $\pi(\boldsymbol{X})$。

### 2. 预测

将 $k$ 时刻 LMB 多目标概率密度函数记作

$$\pi = \{r^{(\ell)}, p^{(\ell)}:\ell \in \mathbb{L}\} \tag{2-43}$$

将 $k+1$ 时刻新生 LMB 多目标概率密度函数记作

$$\pi_{B,+} = \{r_{B,+}^{(\ell)}, p_{B,+}^{(\ell)}:\ell \in \mathbb{B}_+\} \tag{2-44}$$

则 $k+1$ 时刻预测的 LMB 多目标概率密度函数为

$$\pi_+ = \{r_S^{(\ell)}, p_S^{(\ell)}:\ell \in \mathbb{L}\} \cup \{r_{B,+}^{(\ell)}, p_{B,+}^{(\ell)}:\ell \in \mathbb{B}_+\} \tag{2-45}$$

式中，

$$r_S^{(\ell)} = r^{(\ell)}\eta_S(\ell) \tag{2-46}$$

$$p_{\mathrm{S}}^{(\ell)}(x)=\frac{\int P_{\mathrm{S}}(\boldsymbol{x}',\ell)f(\boldsymbol{x}\mid\boldsymbol{x}',\ell)p(\boldsymbol{x}',\ell)\mathrm{d}\boldsymbol{x}'}{\eta_{\mathrm{S}}(\ell)} \tag{2-47}$$

$$\eta_{\mathrm{S}}(\ell)=\int P_{\mathrm{S}}(\boldsymbol{x},\ell)p(\boldsymbol{x},\ell)\mathrm{d}\boldsymbol{x} \tag{2-48}$$

式中，$P_{\mathrm{S}}(\boldsymbol{x},\ell)$表示存活概率函数，$f(\boldsymbol{x}|\boldsymbol{x}',\ell)$是航迹$\ell$的单目标状态转移密度函数。

**3. 更新**

将$k+1$时刻预测的LMB多目标概率密度函数记作

$$\pi_{+}=\{r_{+}^{(\ell)},\ p_{+}^{(\ell)}:\ell\in\mathbb{L}_{+}\} \tag{2-49}$$

将量测集合记作$\boldsymbol{Z}$，更新的LMB多目标概率密度函数记作

$$\pi_{Z}=\{r^{(\ell)},\ p^{(\ell)}:\ell\in\mathbb{L}_{+}\} \tag{2-50}$$

则

$$r^{(\ell)}=\sum_{I_{+}\subseteq\mathbb{L}_{+}}\sum_{\theta\in\Theta(I_{+})}w_{Z}^{(I_{+},\theta)}1_{I_{+}}(\ell) \tag{2-51}$$

$$p^{(\ell)}(\boldsymbol{x})=\frac{1}{r^{(\ell)}}\sum_{I_{+}\subseteq\mathbb{L}_{+}}\sum_{\theta\in\Theta(I_{+})}w_{Z}^{(I_{+},\theta)}1_{I_{+}}(\ell)p_{Z}^{(\theta)}(\boldsymbol{x},\ell) \tag{2-52}$$

$$w_{Z}^{(I_{+},\theta)}\propto\omega(I_{+})\prod_{\ell\in I_{+}}\bar{\psi}_{Z}^{(\theta(\ell))}(\ell) \tag{2-53}$$

$$p_{Z}^{(\theta)}(\boldsymbol{x},\ell)=\frac{p_{+}(\boldsymbol{x},\ell)\psi_{Z}^{(\theta(\ell))}(\boldsymbol{x},\ell)}{\bar{\psi}_{Z}^{(\theta(\ell))}(\ell)} \tag{2-54}$$

$$\omega(I_{+})=\prod_{\ell\in\mathbb{L}_{+}}(1-r_{+}^{(\ell)})\prod_{\ell\in I_{+}\cap\mathbb{L}_{+}}\frac{1_{\mathbb{L}_{+}}(\ell)r_{+}^{(\ell)}}{1-r_{+}^{(\ell)}} \tag{2-55}$$

$$\bar{\psi}_{Z}^{(\theta(\ell))}(\ell)=\int p_{+}(\boldsymbol{x},\ell)\psi_{Z}^{(\theta(\ell))}(\boldsymbol{x},\ell)\mathrm{d}\boldsymbol{x} \tag{2-56}$$

$$\psi_{Z}^{(\theta(\ell))}(\boldsymbol{x},\ell)=\begin{cases}\dfrac{P_{\mathrm{d}}(\boldsymbol{x},\ell)g(z_{\theta(\ell)}\mid\boldsymbol{x},\ell)}{\kappa(z_{\theta(\ell)})}, & \theta(\ell)>0\\ 1-P_{\mathrm{d}}(\boldsymbol{x},\ell), & \theta(\ell)=0\end{cases} \tag{2-57}$$

式(2-51)～式(2-57)中，$\Theta(I_{+})$是函数$\theta:I_{+}\rightarrow\{0,1,\cdots,|Z|\}$的空间，当$\theta(\ell)=\theta(\ell')>0$时，$i=i'$，$P_{\mathrm{d}}(\boldsymbol{x},\ell)$是检测概率函数，$g(\boldsymbol{z}|\boldsymbol{x},\ell)$是量测似然函数，$\kappa(\boldsymbol{z})$是杂波强度函数。

## 2.3 区间分析理论基础

如无特别声明，本书将“区间”默认为实数闭区间。对于实数$\underline{a}$，$\bar{a}\in\mathbb{R}$，当

$\underline{a} \leqslant \overline{a}$ 时，区间$[\underline{a}, \overline{a}]$代表实数集合$\{a \in \mathbb{R} : \underline{a} \leqslant a \leqslant \overline{a}\}$，$\underline{a}$ 称作区间下界，$\overline{a}$ 称作区间上界。为方便起见，将$[\underline{a}, \overline{a}]$简记作$[a]$。将$\mathbb{R}$的所有连通闭子集组成的集合记作$\mathbb{IR}$，则$[a] \in \mathbb{IR}$。区间$[a]$的宽度与中心点分别为

$$w([a]) = \overline{a} - \underline{a} \tag{2-58}$$

$$m([a]) = \frac{(\underline{a} + \overline{a})}{2} \tag{2-59}$$

定义 $n$ 维区间向量$[\boldsymbol{x}] \stackrel{\text{def}}{=} ([x_1], [x_2], \cdots, [x_n])^{\mathrm{T}}$，其中第 $i$ 维元素$[x_i] = [\underline{x_i}, \overline{x_i}]$，$\underline{x_i}, \overline{x_i} \in \mathbb{R}$。定义区间向量$[\boldsymbol{x}] \in \mathbb{IR}^n$ 的宽度、中心点、体积分别为

$$w([\boldsymbol{x}]) = \max_i w([x_i]) \tag{2-60}$$

$$m([\boldsymbol{x}]) = (m([x_1]), m([x_2]), \cdots, m([x_n]))^{\mathrm{T}} \tag{2-61}$$

$$\| [\boldsymbol{x}] \| = \prod_{i=1}^{n} w([x_i]) \tag{2-62}$$

## 2.3.1　区间运算

对于两个区间$[a]$，$[b] \in \mathbb{IR}$，当 $\underline{a} = \underline{b}$ 且 $\overline{a} = \overline{b}$ 时，$[a] = [b]$。

$[a]$与$[b]$的加法运算为

$$[a] + [b] = [\underline{a} + \underline{b}, \overline{a} + \overline{b}] \tag{2-63}$$

$[a]$与$[b]$的减法运算为

$$[a] - [b] = [\underline{a} - \overline{b}, \overline{a} - \underline{b}] \tag{2-64}$$

$[a]$与$[b]$的乘法运算为

$$[a] \cdot [b] = [\min\{\underline{a}\underline{b}, \underline{a}\overline{b}, \overline{a}\underline{b}, \overline{a}\overline{b}\}, \max\{\underline{a}\underline{b}, \underline{a}\overline{b}, \overline{a}\underline{b}, \overline{a}\overline{b}\}] \tag{2-65}$$

当 $0 \notin [b]$时，$[a]$与$[b]$的除法运算为

$$[a]/[b] = [\min\{\underline{a}/\underline{b}, \underline{a}/\overline{b}, \overline{a}/\underline{b}, \overline{a}/\overline{b}\}, \max\{\underline{a}/\underline{b}, \underline{a}/\overline{b}, \overline{a}/\underline{b}, \overline{a}/\overline{b}\}] \tag{2-66}$$

$[a]$与$[b]$的交集为

$$[a] \cap [b] = [\max\{\underline{a}, \underline{b}\}, \min\{\overline{a}, \overline{b}\}] \tag{2-67}$$

当 $\max\{\underline{a}, \underline{b}\} > \min\{\overline{a}, \overline{b}\}$ 时，$[a] \cap [b] = \varnothing$。

$[a]$与$[b]$的并集为

$$[a] \cup [b] = [\underline{a}, \overline{a}] \cup [\underline{b}, \overline{b}] \tag{2-68}$$

$[a]$与$[b]$的扩展并集为

$$[a] \sqcup [b] = [\min\{\underline{a}, \underline{b}\}, \max\{\overline{a}, \overline{b}\}] \tag{2-69}$$

并集与扩展并集的关系为$([a] \cup [b]) \subseteq ([a] \sqcup [b])$。例如，令$[a]=[1, 2]$，$[b]=[4, 5]$，则$[a] \cup [b]=[1, 2] \cup [4, 5]$，而$[a] \sqcup [b]=[1, 5]$。

更多区间运算规则见文献[213]。

## 2.3.2 区间函数

对于函数 $f: \mathbb{R}^n \to \mathbb{R}^m$，如果区间函数$[f]: \mathbb{IR}^n \to \mathbb{IR}^m$ 满足以下条件：

$$\forall [\boldsymbol{x}] \in \mathbb{IR}^n, \; f([\boldsymbol{x}]) \subset [f]([\boldsymbol{x}]) \tag{2-70}$$

则称$[f]$为 $f$ 的包含函数，每个函数 $f$ 可以有无穷多个包含函数。对所有$[\boldsymbol{x}]$，如果$[f]([\boldsymbol{x}])$是包含 $f([\boldsymbol{x}])$的体积最小的箱，则称$[f]$是 $f$ 的最小包含函数。例如，令 $f: \mathbb{R}^2 \to \mathbb{R}^2$，$f$ 的自变量 $x_1$，$x_2$ 分别在区间$[x_1]$，$[x_2]$内变化，函数 $f$ 及其包含函数$[f]$、最小包含函数$[f]^*$ 的示意图如图 2.1 所示。

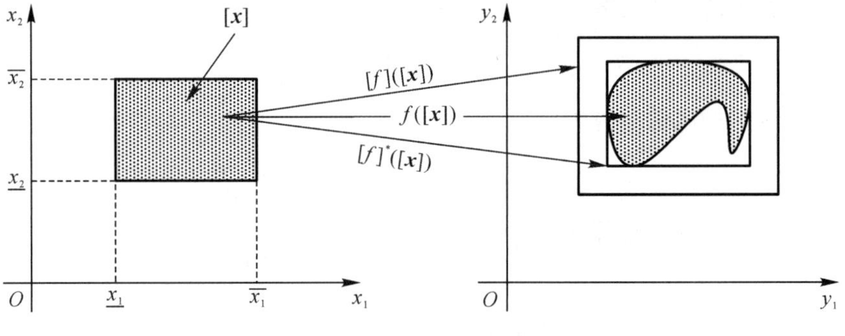


图 2.1 函数 $f$ 及其包含函数$[f]$、最小包含函数$[f]^*$ 的示意图

假设函数 $f: \mathbb{R}^n \to \mathbb{R}$ 的表达式是由有限次加减乘除运算以及初等函数(如正弦、余弦、指数、平方等) 构成的。将函数 $f$ 的自变量记作 $x_1$，$x_2$，…，$x_n$。如果将 $x_i$ 替换为区间$[x_i]$，运算规则替换为区间运算规则，函数替换为区间函数，则可以得到$[f]: \mathbb{IR}^n \to \mathbb{IR}$，即 $f$ 的自然包含函数。如果每个变量 $x_i$ 在 $f$ 的表达式中只出现一次，则自然包含函数$[f]$就是 $f$ 的最小包含函数。例如，

假设函数 $f(a)$有以下三种表达式：

$$f_1(a) = a^2 + 2a \tag{2-71}$$

$$f_2(a) = a(a+2) \tag{2-72}$$

$$f_3(a) = (a+1)^2 - 1 \tag{2-73}$$

它们在$[a]=[-1, 1]$上的自然包含函数为

$$[f_1]([a]) = [a]^2 + 2[a] = [-2, 3] \tag{2-74}$$

$$[f_2]([a]) = [a]([a]+2) = [-3, 3] \tag{2-75}$$

$$[f_3]([a]) = ([a]+1)^2 - 1 = [-1, 3] \tag{2-76}$$

显然，$f_3(a)$中 $a$ 在表达式中只出现一次，而计算结果表明$[f_3]([a])$的确体积最小，是最小包含函数。

### 2.3.3　区间收缩

假设有 $n$ 个变量 $x_i \in \mathbb{R}$，$i \in \{1, 2, \cdots, n\}$，服从以下 $m$ 个方程：

$$g_j(x_1, x_2, \cdots, x_n) = 0, \ j \in \{1, 2, \cdots, m\} \tag{2-77}$$

其中，每个 $x_i$ 的变化范围为区间$[x_i]$。定义向量 $\boldsymbol{x} \overset{\text{def}}{=} (x_1, x_2, \cdots, x_n)^{\mathrm{T}}$，再定义箱$[\boldsymbol{x}] \overset{\text{def}}{=} ([x_1], [x_2], \cdots, [x_n])^{\mathrm{T}}$，则 $\boldsymbol{x} \in [\boldsymbol{x}]$。令 $\boldsymbol{g} \overset{\text{def}}{=} (g_1, g_2, \cdots, g_m)$，则式(2-77)可缩写为 $\boldsymbol{g}(\boldsymbol{x}) = \boldsymbol{0}$。于是，约束满足问题(Constraint Satisfaction Problem，CSP)可以表达为

$$\mathcal{H}: (\boldsymbol{g}(x) = \boldsymbol{0}, \ \boldsymbol{x} \in [\boldsymbol{x}]) \tag{2-78}$$

定义$\mathcal{H}$的解集合为

$$\mathbb{S} = \{\boldsymbol{x} \in [\boldsymbol{x}] : \boldsymbol{g}(\boldsymbol{x}) = \boldsymbol{0}\} \tag{2-79}$$

对$\mathcal{H}$进行区间收缩，就是将箱$[\boldsymbol{x}]$替换为一个更小的箱$[\boldsymbol{x}']$的过程，在该过程中，解集合$\mathbb{S} \subset [\boldsymbol{x}'] \subset [\boldsymbol{x}]$保持不变。经典的区间收缩方法[213]有高斯消除(Gauss Elimination)、约束传播(Constraint Propagation)和线性编程(Linear Programing)等。

## 2.4　本章小结

本章主要介绍了 RFS 滤波理论和区间分析理论基础。RFS 滤波理论首先介绍了贝叶斯多目标滤波，然后介绍了三种贝叶斯多目标滤波的近似形式：LMB 滤波、JGLMB 滤波与 MS-JGLMB 滤波。区间分析是箱粒子滤波的数学基础，本章主要介绍了区间分析理论中与箱粒子滤波关系最为密切的三个概念：区间运算、区间函数和区间收缩。本章内容是后续章节的基础。

# 第3章 箱粒子标签多伯努利滤波

## 3.1 引　　言

LMB 滤波的预测与更新过程包含一些没有闭合解的积分，为此需要借助高斯混合、粒子滤波或箱粒子滤波等数值计算技术以实现 LMB 滤波。高斯混合技术主要适用于线性、高斯运动模型与量测模型，要求量测必须是量测空间中的点，而本书重点研究 RFS 滤波处理区间量测的问题，所以高斯混合技术在本书中并不适用。粒子滤波技术主要适用于非线性、非高斯模型，最初只用于解决点量测下的状态估计问题。而文献[229]提出点粒子 $\boldsymbol{x}$ 条件下区间量测 $[\boldsymbol{z}]$ 的似然函数 $g([\boldsymbol{z}]|\boldsymbol{x})$，为粒子滤波赋予了处理区间量测的能力。虽然粒子滤波能够处理区间量测，但是它需要数量庞大的粒子才能得到较好的状态估计性能，而因此增加的计算量，将严重影响多目标跟踪算法的实时性。为此，学者们提出了箱粒子滤波。在状态估计性能相近的条件下，箱粒子滤波所需要的箱粒子数远小于粒子滤波，从而在很大程度上降低了计算量，提高了实时性。

在区间量测下，由于常规的点状态估计值是有偏差的，因此理想的滤波算法需要满足两个条件：

(1) 目标状态概率密度函数的支撑集必须包含目标状态真实值；

(2) 上述支撑集的体积必须最小化。

根据上述条件，文献[229]提出两项评价指标，一是包含值，二是体积值。前者用来检验条件(1)的满足情况，后者用来衡量支撑集散布范围大小。由于文献[229]主要针对单目标跟踪，因此其包含值主要是指单目标后验状态概率密度函数的置信集是否包含该单目标的状态真实值，其体积值主要是指该置信集的体积。因此，文献[229]中对包含值与体积值的定义不适用于多目标情况。根据条件(1)与条件(2)，结合多目标跟踪具体情况，本章给出包含值与体积值的推广定义。多目标跟踪包含值是指所有目标后验状态概率密度函数置信集的并集中包含多少个目标状态真实值；多目标跟踪体积值是指所有置信集的平均体积。

针对 LMB 滤波没有闭合解的问题，本章介绍了箱粒子实现的 LMB(Box Particle Implementation of LMB，BPI-LMB) 滤波算法，同时给出了与 BPI-LMB 滤波算法相对应的粒子实现 LMB(Particle Implementation of LMB，PI-LMB) 滤波算法。通过仿真实验证明，BPI-LMB 滤波算法相比 PI-LMB 滤波算法，在达到相似性能水平时，计算负担显著降低。

## 3.2　包含值与体积值

为便于定义包含值与体积值，本书先介绍目标状态概率密度函数 $p(\boldsymbol{x})$ 的置信集(Credible Set)[230]。将置信集记作 $C(\alpha)\subseteq\mathbb{X}$，且满足如下条件：

$$P(C(\alpha)) = \int_{C(\alpha)} p(\boldsymbol{x})\mathrm{d}\boldsymbol{x} = 1-\alpha \tag{3-1}$$

式中，参数 $\alpha\ll 1$。当 $\alpha\to 0$ 时，置信集 $C(\alpha)$ 收敛于 $p(\boldsymbol{x})$ 的支撑集。

### 3.2.1　单目标跟踪情况的包含值与体积值

单目标跟踪情况下，将 $k$ 时刻目标状态真实值记作 $\boldsymbol{x}_k^*$，后验状态概率密度函数记作 $p_k(\boldsymbol{x})$，置信集记作 $C_k(\alpha)$。体积值 $V_k$ 就是置信集 $C_k(\alpha)$ 的体积，而包含值可描述为

$$\rho_k \stackrel{\text{def}}{=} \begin{cases} 1, & \boldsymbol{x}_k^* \in C_k(\alpha) \\ 0, & \boldsymbol{x}_k^* \notin C_k(\alpha) \end{cases} \tag{3-2}$$

**1. 粒子滤波中包含值 $\rho_k$ 与体积值 $V_k$ 的计算方法**

将 $p_k(\boldsymbol{x})$ 近似为一个由许多加权粒子组成的集合 $\{w_{k,i}=1/N,\ \boldsymbol{x}_{k,i}\}_{i=1}^{N}$，即

$$p_k(\boldsymbol{x}) \approx \sum_{i=1}^{N} w_{k,i}\delta(\boldsymbol{x}-\boldsymbol{x}_{k,i}) \tag{3-3}$$

式中，$\delta(\cdot)$ 表示狄拉克 $\delta$(Dirac Delta)函数。本书用无下标的 $\delta$ 表示狄拉克 $\delta$

函数，用有下标的 $\delta$ 表示第 2 章的广义克罗内克 $\delta$ 函数。

当给定集合 $\{w_{k,i}=1/N, \boldsymbol{x}_{k,i}\}_{i=1}^{N}$ 时，包含值 $\rho_k$ 可以通过核密度估计(Kernel Density Estimation，KDE)法[231]得到：

$$\rho_k=\begin{cases}1, & \tilde{p}_k(\boldsymbol{x}_k^*)\geqslant \min\limits_{i=1,2,\cdots,N}\tilde{p}_k(\boldsymbol{x}_{k,i})\\ 0, & \tilde{p}_k(\boldsymbol{x}_k^*)<\min\limits_{i=1,2,\cdots,N}\tilde{p}_k(\boldsymbol{x}_{k,i})\end{cases} \tag{3-4}$$

式中，

$$\tilde{p}_k(\boldsymbol{x})=\frac{1}{NW^{n_x}}\sum_{i=1}^{N}\phi\left(\frac{\boldsymbol{x}-\boldsymbol{x}_{k,i}}{W}\right) \tag{3-5}$$

$$\phi(\boldsymbol{x})=\frac{1}{(2\pi)^{\frac{n_x}{2}}\sqrt{|P|}}\exp\left\{-\frac{1}{2}\boldsymbol{x}P^{(-1)}\boldsymbol{x}^{\mathrm{T}}\right\} \tag{3-6}$$

$$\boldsymbol{P}=\frac{1}{N-1}\sum_{i=1}^{N}(\boldsymbol{x}_{k,i}-\bar{\boldsymbol{x}}_k)(\boldsymbol{x}_{k,i}-\bar{\boldsymbol{x}}_k)^{\mathrm{T}} \tag{3-7}$$

$$\bar{\boldsymbol{x}}_k=\frac{1}{N}\sum_{i=1}^{N}\boldsymbol{x}_{k,i} \tag{3-8}$$

$$W=\left[\frac{4}{n_x+2}\right]^{\frac{1}{n_x+4}}N^{-\frac{1}{n_x+4}} \tag{3-9}$$

其中，$\tilde{p}_k(\boldsymbol{x})$是 $p_k(\boldsymbol{x})$的近似，$n_x$ 为目标状态向量维数，$\phi(\boldsymbol{x})$表示均值为零、协方差为 $\boldsymbol{P}$ 的高斯核函数，$|P|$表示 $\boldsymbol{P}$ 的行列式，$\bar{\boldsymbol{x}}_k$ 为粒子均值，$W$ 为 $\phi(\boldsymbol{x})$的最优固定带宽。式(3-4)中，$\min\limits_{i=1,2,\cdots,N}\tilde{p}_k(\boldsymbol{x}_{k,i})$实际上定义了置信集 $C_k(\alpha)$的边界，其中参数 $\alpha\ll 1$ 恰好使得 $C_k(\alpha)$包含所有粒子，$\alpha$ 的具体值不需要计算。

体积值 $V_k$ 的计算公式[232]为

$$V_k=\sqrt{6\sum_{i=1}^{n_x}\sqrt{P(i,i)}} \tag{3-10}$$

式中，$P(i,i)$表示协方差矩阵 $\boldsymbol{P}$ 的第 $i$ 行第 $i$ 列元素。

**2. 箱粒子滤波中包含值 $\rho_k$ 与体积值 $V_k$ 的计算方法**

将 $p_k(\boldsymbol{x})$ 近似为一个由许多加权箱粒子组成的集合 $\{w_{k,i}=1/N, [\boldsymbol{x}_{k,i}]\}_{i=1}^{N}$，即

$$p_k(\boldsymbol{x})\approx\sum_{i=1}^{N}w_{k,i}U_{[\boldsymbol{x}_{k,j}]}(\boldsymbol{x}) \tag{3-11}$$

式中，$U_{[\boldsymbol{x}_{k,j}]}(\boldsymbol{x})$表示在箱粒子$[\boldsymbol{x}_{k,i}]$范围内的均匀分布函数。于是，包含值 $\rho_k$ 的计算公式[229]为

$$\rho_k=\begin{cases}1, & \boldsymbol{x}_k^* \in [\boldsymbol{x}_k] \\ 0, & \boldsymbol{x}_k^* \notin [\boldsymbol{x}_k]\end{cases} \tag{3-12}$$

体积值 $V_k$ 的计算公式[232]为

$$V_k=\sqrt{\sum_{j=1}^{n_x} w([\boldsymbol{x}_k](j))} \tag{3-13}$$

式中，$[\boldsymbol{x}_k]=\bigcup_{i=1}^{N}[\boldsymbol{x}_{k,i}]$，$[x_k](j)$表示区间向量$[\boldsymbol{x}_k]$的第 $j$ 维元素，$w([a])$表示区间$[a]$的宽度，如式(2-58)所定义。

## 3.2.2　多目标跟踪情况的包含值与体积值

多目标跟踪情况下，将 $k$ 时刻所有目标状态真实值记作 $\boldsymbol{x}_k^{t^*}$ ($t=1, 2, \cdots, T$)，所有目标后验概率密度函数记作 $p_k^{(\ell)}(\boldsymbol{x})(\ell \in I)$，则指示函数为

$$\rho_k^{(t,\ell)} \stackrel{\text{def}}{=} \begin{cases}1, & \boldsymbol{x}_k^{t^*} \in C_k^{(\ell)}(\alpha) \\ 0, & \boldsymbol{x}_k^{t^*} \notin C_k^{(\ell)}(\alpha)\end{cases} \tag{3-14}$$

从指示函数 $\rho_k^{(t,\ell)}$ 的取值可以看出 $\boldsymbol{x}_k^{t^*}$ 是否被 $p_k^{(\ell)}(\boldsymbol{x})$的置信集包含。对于粒子滤波，$\rho_k^{(t,\ell)}$ 的计算公式为式(3-4)；对于箱粒子滤波，其计算公式为式(3-12)。

在多目标跟踪中，一个目标状态真实值可能被多个目标后验概率密度函数置信集包含，一个目标后验概率密度函数置信集可能包含多个目标状态真实值。因此，本书将多目标跟踪包含值定义为目标状态真实值 $\boldsymbol{x}_k^{t^*}$ ($t=1, 2, \cdots, T$)，与目标后验概率密度函数 $p_k^{(\ell)}(\boldsymbol{x})(\ell \in I)$之间不重复配对的数目。所谓“不重复配对”主要涉及以下三个方面：

(1) 如果 $p_k^{(\ell)}(\boldsymbol{x})$的置信集包含 $\boldsymbol{x}_k^{t^*}$，就将 $\boldsymbol{x}_k^{t^*}$ 与 $p_k^{(\ell)}(\boldsymbol{x})$配对；

(2) 如果已经将 $\boldsymbol{x}_k^{t^*}$ 配对给 $p_k^{(\ell)}(\boldsymbol{x})$，就不能再将 $\boldsymbol{x}_k^{t^*}$ 配对给另一个 $p^{(\ell')}(\boldsymbol{x})$ ($\ell' \neq \ell$)，即使 $p^{(\ell')}(\boldsymbol{x})$的置信集也包含 $\boldsymbol{x}_k^{t^*}$；

(3) 如果已经将 $p_k^{(\ell)}(\boldsymbol{x})$配对给 $\boldsymbol{x}_k^{t^*}$，就不能再将 $p_k^{(\ell)}(\boldsymbol{x})$配对给另一个 $\boldsymbol{x}_k^{s^*}$ ($s \neq t$)，即使 $p_k^{(\ell)}(\boldsymbol{x})$的置信集也包含 $\boldsymbol{x}_k^{s^*}$。

实际上，目标状态真实值与概率密度函数的对应关系无须细究，只需要知道不重复配对数目即可。为此，本书给出计算多目标跟踪情况的包含值 $\rho_k$ 的简

便方法，具体如下：

$$\rho_k = \min\{n_\alpha, n_\beta\} \tag{3-15}$$

其中，$n_\alpha$ 是非零 $\alpha^{(t)} = \sum_{\ell \in \mathbb{L}} \rho_k^{(t,\ell)} (t = 1, 2, \cdots, T)$ 的个数，$n_\beta$ 是非零 $\beta^{(\ell)} = \sum_{t=1}^{T} \rho_k^{(t,\ell)} (\ell \in \mathbb{L})$ 的个数。整数 $\alpha^{(t)}$ 的含义是置信集包含 $\boldsymbol{x}_k^{t^*}$ 的后验概率密度函数的个数，整数 $\beta^{(\ell)}$ 的含义是后验概率密度函数 $p_k^{(\ell)}(\boldsymbol{x})$ 所包含的目标状态真实值的个数。

对于粒子滤波，目标状态概率密度函数 $p_k^{(\ell)}(\boldsymbol{x})$ 体积值 $V_k^{(\ell)}$ 的计算公式为式(3-10)；对于箱粒子滤波，其计算公式为式(3-13)。本书给出多目标跟踪情况的体积值计算公式如下：

$$V_k = \frac{1}{|I|} \sum_{\ell \in I} V_k^{(\ell)} \tag{3-16}$$

式中，$|I|$ 是标签集合 $I$ 的势。

综上所述，单目标跟踪情况的包含值取值范围为$\{0, 1\}$。如果包含值等于1，则表示目标状态概率密度函数 $p_k(\boldsymbol{x})$ 的支撑集包含目标状态真实值 $\boldsymbol{x}_k^*$，换言之，目标状态估计值能够收敛到真实值。如果包含值等于0，则表示目标状态估计值不能收敛到真实值 $\boldsymbol{x}_k^*$。单目标跟踪情况的体积值表示 $p_k(\boldsymbol{x})$ 的支撑集散布范围大小。相比于单目标跟踪情况，多目标跟踪情况的包含值取值范围为$\{0, 1, \cdots, T\}$。如果包含值越大，则表示有越多的后验状态概率密度函数 $p_k^{(\ell)}(\boldsymbol{x})(\ell \in I)$ 的支撑集包含目标状态真实值 $\boldsymbol{x}_k^{t^*}$ $(t=1, 2, \cdots, T)$，换言之，有越多的目标状态估计值能够收敛到真实值。多目标跟踪情况的体积值表示所有后验状态概率密度函数 $p_k^{(\ell)}(\boldsymbol{x})(\ell \in I)$ 体积值的平均值。

# 3.3 标签多伯努利滤波实现

本节主要介绍 LMB 滤波的两种实现方式：一种是箱粒子迭代实现，即 BPI-LMB 算法；另一种是与 BPI-LMB 相对应的粒子迭代实现，即 PI-LMB 算法。这两种算法需要满足以下假设。

A.1：多个目标在场景中新生或消亡，无衍生事件。

A.2：场景中仅有一个传感器，其量测为区间量测$[\boldsymbol{z}] \in \mathbb{IZ}$，$\mathbb{IZ}$ 表示量测空间 $\mathbb{Z}$ 的所有连通闭子集的集合。区间量测是有偏差的，即目标所产生的点量测不在其区间量测的中心。

## 3.3.1　箱粒子迭代

下面介绍 BPI-LMB 算法的主要环节，包括预测，更新，重采样、航迹修剪与状态估计值提取。

**1. 预测**

将 $k$ 时刻 LMB 多目标概率密度与 $k+1$ 时刻新生 LMB 多目标概率密度分别记作式(2-43)与式(2-44)，则 $k+1$ 时刻预测的 LMB 多目标概率密度可记作式(2-45)。

将存活航迹 $\ell \in \mathbb{L}$ 的状态概率密度函数 $p^{(\ell)}(\boldsymbol{x})$ 近似为加权箱粒子集合 $\{w_i^{(\ell)}, [\boldsymbol{x}_i^{(\ell)}]\}_{i=1}^{N^{(\ell)}}$，将航迹 $\ell$ 的预测概率密度函数 $p_{\mathrm{S}}^{(\ell)}(\boldsymbol{x})$ 近似为箱粒子集合 $\{w_{\mathrm{S},i}^{(\ell)}, [\boldsymbol{x}_{\mathrm{S},i}^{(\ell)}]\}_{i=1}^{N^{(\ell)}}$，则

$$w_{\mathrm{S},i}^{(\ell)} = \frac{P_{\mathrm{S}}([\boldsymbol{x}_i^{(\ell)}], \ell) w_i^{(\ell)}}{\eta_{\mathrm{S}}(\ell)} \tag{3-17}$$

$$[\boldsymbol{x}_{\mathrm{S},i}^{(\ell)}] = [f]([\boldsymbol{x}_i^{(\ell)}]) + [\boldsymbol{u}] \tag{3-18}$$

$$\eta_{\mathrm{S}}(\ell) = \sum_{i=1}^{N^{(\ell)}} P_{\mathrm{S}}([\boldsymbol{x}_i^{(\ell)}], \ell) w_i^{(\ell)} \tag{3-19}$$

式中，$[f]([\boldsymbol{x}])$为单目标状态转移函数 $f(\boldsymbol{x})$的自然包含函数，$[\boldsymbol{u}]$为有界过程噪声的变化范围。

新生航迹 $\ell \in \mathbb{B}_+$ 的概率密度函数可初始化为

$$p_{B,+}^{(\ell)}(\boldsymbol{x}) = \sum_{i=1}^{N_{B,+}^{(\ell)}} w_{B,+,i}^{(\ell)} U_{[\boldsymbol{x}_{B,+,i}^{(\ell)}]}(\boldsymbol{x}) \tag{3-20}$$

式中，箱粒子$[\boldsymbol{x}_{B,+,i}^{(\ell)}]$($i=1, 2, \cdots, N_{B,+}^{(\ell)}$)模拟状态空间$\mathbb{X}$中可能发生目标新生事件的区域，一般 $N_{B,+}^{(\ell)}$ 取值为 1。

**2. 更新**

将 $k+1$ 时刻量测集合记作 $\boldsymbol{Z}$，预测的 LMB 多目标概率密度记作式(2-49)，更新的 LMB 多目标概率密度记作式(2-50)。将航迹 $\ell \in \mathbb{L}_+$ 的预测概率密度函数 $p_+^{(\ell)}(\boldsymbol{x})$近似为$\{w_{+,i}^{(\ell)}, [\boldsymbol{x}_{+,i}^{(\ell)}]\}_{i=1}^{N_+^{(\ell)}}$，将更新概率密度函数 $p_Z^{(\theta)}(\boldsymbol{x}, \ell)$ 近似为$\{w_{U,i}^{(\ell,\theta)}, [\boldsymbol{x}_{U,i}^{(\ell,\theta)}]\}_{i=1}^{N_+^{(\ell)}}$，则

$$[\boldsymbol{x}_{U,i}^{(\ell,\theta)}] = \begin{cases} [h_{\mathrm{CP}}]([\boldsymbol{x}_{+,i}^{(\ell)}], [z_{\theta(\ell)}]), & \theta(\ell) > 0 \\ [\boldsymbol{x}_{+,i}^{(\ell)}], & \theta(\ell) = 0 \end{cases} \tag{3-21}$$

$$w_{U,i}^{(\ell,\theta)} = \frac{w_{+,i}^{(\ell)}\psi_Z^{(\theta(\ell))}([\boldsymbol{x}_{+,i}^{(\ell)}],\ell)}{\bar{\psi}_Z^{(\theta(\ell))}(\ell)} \tag{3-22}$$

$$\bar{\psi}_Z^{(\theta(\ell))}(\ell) = \sum_{i=1}^{N_+^{(\ell)}} w_{+,i}^{(\ell)}\psi_Z^{(\theta(\ell))}([\boldsymbol{x}_{+,i}^{(\ell)}],\ell) \tag{3-23}$$

$$\psi_Z^{(\theta(\ell))}([\boldsymbol{x}_{+,i}^{(\ell)}],\ell)=\begin{cases}\dfrac{g([z_{\theta(\ell)}]\mid[\boldsymbol{x}_{+,i}^{(\ell)}],\ell)P_{\mathrm{d}}([\boldsymbol{x}_{+,i}^{(\ell)}],\ell)}{\boldsymbol{\kappa}([z_{\theta(\ell)}])}, & \theta(\ell)>0\\ 1-P_{\mathrm{d}}([\boldsymbol{x}_{+,i}^{(\ell)}],\ell), & \theta(\ell)=0\end{cases} \tag{3-24}$$

式中，函数$[h_{\mathrm{CP}}]([\boldsymbol{x}],[\boldsymbol{z}])$的输出值是箱粒子$[\boldsymbol{x}]$以量测方程$\boldsymbol{z}=h(\boldsymbol{x})$作约束条件而收缩所产生的箱粒子变体。$g([\boldsymbol{z}_{\theta(\ell)}]\mid[\boldsymbol{x}_{+,i}^{(\ell)}],\ell)$是给定箱粒子$[\boldsymbol{x}_{+,i}^{(\ell)}]$条件下区间量测$[\boldsymbol{z}_{\theta(\ell)}]$的似然函数[229]，其计算公式为

$$g([\boldsymbol{z}_{\theta(\ell)}]\mid[\boldsymbol{x}_{+,i}^{(\ell)}],\ell)=\frac{\|[h_{\mathrm{CP}}]([\boldsymbol{x}_{+,i}^{(\ell)}],[\boldsymbol{z}_{\theta(\ell)}])\|}{\|[\boldsymbol{x}_{+,i}^{(\ell)}]\|} \tag{3-25}$$

式中，$\|[\boldsymbol{x}]\|$表示箱粒子$[\boldsymbol{x}]$的体积，如式(2-62)所定义。

**3. 重采样、航迹修剪与状态估计值提取**

将更新后的LMB参数集合记作$\pi=\{r^{(\ell)},p^{(\ell)}:\ell\in\mathbb{L}\}$，其中目标状态概率密度函数$p^{(\ell)}(\boldsymbol{x})$由加权箱粒子集合$\{\tilde{w}_i^{(\ell)},[\tilde{\boldsymbol{x}}_i^{(\ell)}]\}_{i=1}^{N^{(\ell)}}$近似。对于航迹$\ell\in\mathbb{L}$，利用多项式重采样法从集合$\{\tilde{w}_i^{(\ell)},[\tilde{\boldsymbol{x}}_i^{(\ell)}]\}_{i=1}^{N^{(\ell)}}$重采样$J^{(\ell)}$次而得到新的集合$\{w_i^{(\ell)}=1/J^{(\ell)},[\boldsymbol{x}_i^{(\ell)}]\}_{i=1}^{J^{(\ell)}}$。重采样过程中，如果一个箱粒子被选中$m>1$次，它就被分割为$m$个小箱。本节选择箱粒子滤波最常规的分割方式，即从箱粒子向量中随机选择一个维度，在该维度上分割箱粒子。

航迹修剪就是剔除存在概率$r^{(\ell)}$低于特定阈值$\vartheta_{\mathrm{d}}$的航迹。航迹修剪之后，可以通过下式[26]提取多目标状态估计结果：

$$\dot{\boldsymbol{X}}=\{\dot{\boldsymbol{x}}^{(\ell)}:r_{\max}^{(\ell)}>\vartheta_{\mathrm{u}}\quad 且\quad r^{(\ell)}>\vartheta_{\mathrm{l}}\} \tag{3-26}$$

式中，$r_{\max}^{(\ell)}$表示从初始时刻到当前时刻，航迹$\ell$存在概率的历史最大值；$\vartheta_{\mathrm{u}}$与$\vartheta_{\mathrm{l}}$是人为调节的阈值，通常随应用场景的改变而改变；状态估计值$\dot{\boldsymbol{x}}^{(\ell)}=m([\dot{\boldsymbol{x}}^{(\ell)}])$，并且

$$[\dot{\boldsymbol{x}}^{(\ell)}]=\sum_{i=1}^{J^{(\ell)}} w_i^{(\ell)}[\boldsymbol{x}_i^{(\ell)}] \tag{3-27}$$

式中，函数$m([\dot{\boldsymbol{x}}])$取$[\dot{\boldsymbol{x}}]$的中心，如式(2-61)所定义。

## 3.3.2 粒子迭代

PI-LMB算法的主要环节包括预测，更新，重采样、航迹修剪与状态估计值提取。

**1. 预测**

将$k$时刻LMB多目标概率密度与$k+1$时刻新生LMB多目标概率密度分别记作式(2-43)与式(2-44)，则$k+1$时刻预测的LMB多目标概率密度可记作式(2-45)。

将航迹$\ell\in\mathbb{L}$的概率密度函数$p^{(\ell)}(\boldsymbol{x})$近似为加权粒子集合$\{w_i^{(\ell)}, \boldsymbol{x}_i^{(\ell)}\}_{i=1}^{N^{(\ell)}}$，将航迹$\ell$的预测概率密度函数$p_S^{(\ell)}(\boldsymbol{x})$近似为粒子集合$\{w_{S,i}^{(\ell)}, \boldsymbol{x}_{S,i}^{(\ell)}\}_{i=1}^{N^{(\ell)}}$，则

$$w_{S,i}^{(\ell)}=\frac{P_S(\boldsymbol{x}_i^{(\ell)}, \ell)w_i^{(\ell)}}{\eta_S(\ell)} \tag{3-28}$$

$$\boldsymbol{x}_{S,i}^{(\ell)}=f(\boldsymbol{x}_i^{(\ell)})+\boldsymbol{u}_i \tag{3-29}$$

$$\eta_S(\ell)=\sum_{i=1}^{N^{(\ell)}}P_S(\boldsymbol{x}_i^{(\ell)}, \ell)w_i^{(\ell)} \tag{3-30}$$

式中，$f(\boldsymbol{x})$为单目标状态转移函数，$\boldsymbol{u}_i$为随机产生的过程噪声。

新生航迹$\ell\in\mathbb{B}_+$的概率密度函数可初始化为

$$p_{B,+}^{(\ell)}(\boldsymbol{x})=\sum_{i=1}^{N_{B,+}^{(\ell)}}w_{B,+,i}^{(\ell)}\delta(\boldsymbol{x}-\boldsymbol{x}_{B,+,i}^{(\ell)}) \tag{3-31}$$

式中，粒子$\boldsymbol{x}_{B,+,i}^{(\ell)}(i=1, 2, \cdots, N_{B,+}^{(\ell)})$模拟状态空间$\mathbb{X}$中可能发生目标新生事件的区域。

**2. 更新**

将$k+1$时刻量测集合记作$\boldsymbol{Z}$，预测的LMB多目标概率密度记作式(2-49)，更新的LMB多目标概率密度记作式(2-50)。将航迹$\ell\in\mathbb{L}_+$的预测概率密度函数$p_+^{(\ell)}(\boldsymbol{x})$近似为加权粒子集合$\{w_{+,i}^{(\ell)}, \boldsymbol{x}_{+,i}^{(\ell)}\}_{i=1}^{N_+^{(\ell)}}$，将更新概率密度函数$p_Z^{(\theta)}(\boldsymbol{x}, \ell)$近似为粒子集合$\{w_{U,i}^{(\ell,\theta)}, \boldsymbol{x}_{U,i}^{(\ell,\theta)}\}_{i=1}^{N_+^{(\ell)}}$，那么

$$\boldsymbol{x}_{U,i}^{(\ell,\theta)}=\boldsymbol{x}_{+,i}^{(\ell)} \tag{3-32}$$

$$w_{U,i}^{(\ell,\theta)}=\frac{w_{+,i}^{(\ell)}\psi_Z^{(\theta(\ell))}(\boldsymbol{x}_{+,i}^{(\ell)}, \ell)}{\bar{\psi}_Z^{(\theta(\ell))}(\ell)} \tag{3-33}$$

$$\bar{\psi}_Z^{(\theta(\ell))}(\ell)=\sum_{i=1}^{N_+^{(\ell)}}w_{+,i}^{(\ell)}\psi_Z^{(\theta(\ell))}(\boldsymbol{x}_{+,i}^{(\ell)},\ell) \tag{3-34}$$

$$\psi_Z^{(\theta(\ell))}(\boldsymbol{x}_{+,i}^{(\ell)},\ell)=\begin{cases}\dfrac{g([z_{\theta(\ell)}]\mid \boldsymbol{x}_{+,i}^{(\ell)},\ell)P_{\mathrm{d}}(\boldsymbol{x}_{+,i}^{(\ell)},\ell)}{\kappa([z_{\theta(\ell)}])}, & \theta(\ell)>0\\ 1-P_{\mathrm{d}}(\boldsymbol{x}_{+,i}^{(\ell)},\ell), & \theta(\ell)=0\end{cases} \tag{3-35}$$

式中，$g([\boldsymbol{z}_{\theta(\ell)}]\mid \boldsymbol{x}_{+,i}^{(\ell)},\ell)$是给定点粒子$\boldsymbol{x}_{+,i}^{(\ell)}$条件下区间量测$[\boldsymbol{z}_{\theta(\ell)}]$的似然函数[229]，其计算公式为

$$g([\boldsymbol{z}_{\theta(\ell)}]\mid \boldsymbol{x}_{+,i}^{(\ell)},\ell)=\varphi(h(\boldsymbol{x}_{+,i}^{(\ell)});\underline{\boldsymbol{z}_{\theta(\ell)}},R)-\varphi(h(\boldsymbol{x}_{+,i}^{(\ell)});\overline{\boldsymbol{z}_{\theta(\ell)}},\boldsymbol{R}) \tag{3-36}$$

式中，$h(\boldsymbol{x})$为量测函数，$\varphi(\boldsymbol{x};\boldsymbol{\mu},\boldsymbol{\Sigma})$表示均值为$\boldsymbol{\mu}$、协方差为$\boldsymbol{\Sigma}$的高斯累积分布函数，$\underline{\boldsymbol{z}_{\theta(\ell)}}$、$\overline{\boldsymbol{z}_{\theta(\ell)}}$分别表示区间量测$[\boldsymbol{z}_{\theta(\ell)}]$的下界与上界。

**3. 重采样、航迹修剪与状态估计值提取**

将更新后的 LMB 参数集合记作$\pi=\{r^{(\ell)},p^{(\ell)}:\ell\in\mathbb{L}\}$，其中目标状态概率密度函数$p^{(\ell)}(\boldsymbol{x})$由加权粒子集合$\{\tilde{w}_i^{(\ell)},\tilde{\boldsymbol{x}}_i^{(\ell)}\}_{i=1}^{N^{(\ell)}}$近似。对于航迹$\ell\in\mathbb{L}$，利用多项式重采样法从集合$\{\tilde{w}_i^{(\ell)},\tilde{\boldsymbol{x}}_i^{(\ell)}\}_{i=1}^{N^{(\ell)}}$重采样$J^{(\ell)}$次而得到新的集合$\{w_i^{(\ell)}=1/J^{(\ell)},\boldsymbol{x}_i^{(\ell)}\}_{i=1}^{J^{(\ell)}}$。重采样过程中，如果一个粒子被选中$m>1$次，它就被复制为$m$个相同的粒子。

航迹修剪与 3.3.1 节相同，也是剔除存在概率$r^{(\ell)}$低于特定阈值$\vartheta_{\mathrm{d}}$的航迹。航迹修剪之后，多目标状态估计结果为

$$\dot{\boldsymbol{X}}=\{\dot{\boldsymbol{x}}^{(\ell)}:r_{\max}^{(\ell)}>\vartheta_u\ \text{且}\ r^{(\ell)}>\vartheta_l\} \tag{3-37}$$

其中，状态估计值的计算公式为

$$\dot{\boldsymbol{x}}^{(\ell)}=\sum_{i=1}^{J^{(\ell)}}w_i^{(\ell)}\boldsymbol{x}_i^{(\ell)} \tag{3-38}$$

## 3.4 仿真实验与分析

本节通过仿真实验对上述方法进行验证，并对实验结果进行分析。仿真实验结果为 100 次蒙特卡罗实验后的平均结果。仿真环境为 MATLAB 2018b，其中安装了区间计算工具箱 INTLAB 9.0[233]。多目标跟踪方法性能的评价指

标主要包括势估计均值与标准差、包含值、体积值、最优子模式分配(Optimal Subpattern Assignment, OSPA)距离[234]等。

有限集 $\boldsymbol{X}=\{\boldsymbol{x}_1, \boldsymbol{x}_2, \cdots, \boldsymbol{x}_m\}$ 与 $\boldsymbol{Y}=\{\boldsymbol{y}_1, \boldsymbol{y}_2, \cdots, \boldsymbol{y}_n\}$ 的 OSPA 距离定义如下：

$$\bar{d}_p^{(c)}(\boldsymbol{X}, \boldsymbol{Y}) = \left(\frac{1}{n}\left(\min_{\pi\in\Pi_n}\sum_{i=1}^{m} d^{(c)}(\boldsymbol{x}_i, \boldsymbol{y}_{\pi(i)})^p + c^p(n-m)\right)\right)^{1/p} \tag{3-39}$$

式中，$m\leqslant n$，$d^{(c)}(\boldsymbol{x}, \boldsymbol{y})\overset{\text{def}}{=}\min(c, d(\boldsymbol{x}, \boldsymbol{y}))$，$d(\boldsymbol{x}, \boldsymbol{y})$表示 $\boldsymbol{x}$ 和 $\boldsymbol{y}$ 的欧氏距离，参数 $c>0$ 决定势估计精度相对于定位精度的重要性，参数 $p\geqslant 1$ 决定 $\bar{d}_p^{(c)}(X, Y)$ 对统计“野值”的灵敏度，$\Pi_n$ 表示整数$\{1, 2, \cdots, n\}$的所有排列情况。当 $m>n$ 时，$\bar{d}_p^{(c)}(X, Y)\overset{\text{def}}{=}\bar{d}_p^{(c)}(Y, X)$。

## 3.4.1　非线性场景

### 1. 场景描述

考虑一个非线性多目标跟踪场景，其中最多出现 6 个目标，假设目标为无人机。因为目标可能新生或消亡，所以目标数目会随时间变化。场景中只有一个传感器，位于极坐标系原点。传感器可能漏检目标或产生虚警。量测向量由距离与方位角构成。目标的真实航迹如图 3.1 所示(扫图旁二维码可查看彩图，余同)，其中○表示航迹起点，△表示航迹终点，不同航迹以不同颜色和标志符号表示。真实航迹的起始状态、新生时刻和消亡时刻如表 3.1 所示。目标状态向量 $\boldsymbol{x}_k=(\tilde{x}_k^{\mathrm{T}}, \omega_k)^{\mathrm{T}}$ 由位置速度向量 $\tilde{\boldsymbol{x}}_k=(p_{x,k}, \dot{p}_{x,k}, p_{y,k}, \dot{p}_{y,k})^{\mathrm{T}}$ 以及转弯角速度 $\omega_k$ 构成。

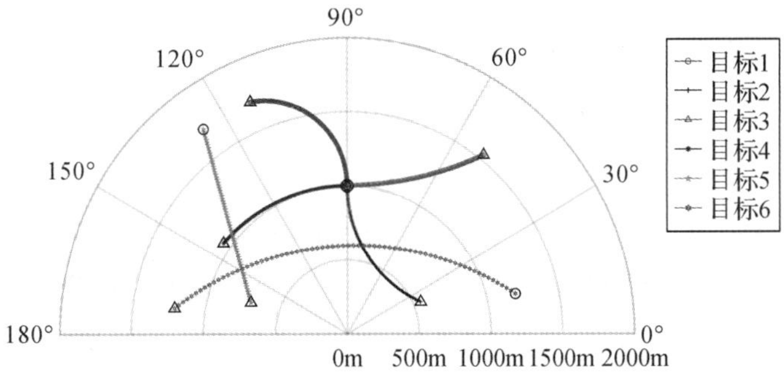


图 3.1　非线性场景下的目标真实航迹

**表 3.1 非线性场景下目标的真实航迹起始状态、新生时刻和消亡时刻**

| 航迹 | 起始状态 | 新生时刻/s | 消亡时刻/s |
|---|---|---|---|
| 目标 1 | $(0, 0, 1000, 10, \pi/180)^{\mathrm{T}}$ | 1 | 100 |
| 目标 2 | $(0, 0, 1000, -10, \pi/270)^{\mathrm{T}}$ | 2 | 100 |
| 目标 3 | $(0, 10, 1000, 0, \pi/720)^{\mathrm{T}}$ | 3 | 100 |
| 目标 4 | $(0, -10, 1000, 0, \pi/360)^{\mathrm{T}}$ | 4 | 100 |
| 目标 5 | $(-1000, 5, 1400, -18, 0)^{\mathrm{T}}$ | 10 | 75 |
| 目标 6 | $(1200, -30, 250, 20, \pi/180)^{\mathrm{T}}$ | 20 | 90 |

目标运动服从匀速转弯模型。对于粒子滤波，目标状态转移模型由下式描述：

$$\tilde{\boldsymbol{x}}_k = \boldsymbol{F}(\omega_{k-1})\tilde{\boldsymbol{x}}_{k-1} + \boldsymbol{G}\boldsymbol{u}_{k-1} \tag{3-40}$$

$$\omega_k = \omega_{k-1} + \bar{\omega}_{k-1} \tag{3-41}$$

其中，$\bar{\omega}_{k-1}$代表角速度的扰动，$\boldsymbol{F}_{(\omega)}$和$\boldsymbol{G}$分别由式(3-42)和式(3-43)定义：

$$\boldsymbol{F}(\omega) = \begin{bmatrix} 1 & \dfrac{\sin\omega T_{\mathrm{S}}}{\omega} & 0 & -\dfrac{1-\cos\omega T_{\mathrm{S}}}{\omega} \\ 0 & \cos\omega T_{\mathrm{S}} & 0 & -\sin\omega T_{\mathrm{S}} \\ 0 & \dfrac{1-\cos\omega T_{\mathrm{S}}}{\omega} & 1 & \dfrac{\sin\omega T_{\mathrm{S}}}{\omega} \\ 0 & \sin\omega T_{\mathrm{S}} & 0 & \cos\omega T_{\mathrm{S}} \end{bmatrix} \tag{3-42}$$

$$\boldsymbol{G} = \begin{bmatrix} \dfrac{T_{\mathrm{S}}^2}{2} & 0 \\ T_{\mathrm{S}} & 0 \\ 0 & \dfrac{T_{\mathrm{S}}^2}{2} \\ 0 & T_{\mathrm{S}} \end{bmatrix} \tag{3-43}$$

在式(3-40)～式(3-43)中，$T_{\mathrm{S}}$ 表示采样间隔，$\boldsymbol{u}_{k-1}$表示位置速度向量噪声，服从高斯分布 $p(\boldsymbol{u}_{k-1}) = \mathcal{N}(\boldsymbol{u}_{k-1}; 0, \sigma_u^2\boldsymbol{I}_2)$，$\boldsymbol{I}_2$ 表示 2 阶单位矩阵。$\bar{\omega}_{k-1}$表示转弯速度噪声，服从 $p(\bar{\omega}_{k-1}) = \mathcal{N}(\bar{\omega}_{k-1}; 0, \sigma_{\bar{\omega}}^2)$。非线性场景下的状态转移模型与量测模型参数 $T_{\mathrm{S}}$、$\sigma_u$、$\sigma_{\bar{\omega}}$ 的数值如表 3.2 所示。

**表 3.2　非线性场景下的状态转移模型与量测模型参数**

| 参数 | 数值 | 单位 |
| --- | --- | --- |
| $T_S$ | 1 | s |
| $\sigma_u$ | 5 | $m/s^2$ |
| $\sigma_{\bar{\omega}}$ | π/180 | rad/s |
| $\sigma_\theta$ | π/600 | rad |
| $\sigma_r$ | 1 | m |
| $\Delta\theta$ | π/45 | rad |
| $\Delta r$ | 50 | m |

对于箱粒子滤波，状态转移模型的形式如下：

$$[\tilde{\boldsymbol{x}}_k] = F([\omega_{k-1}])[\tilde{\boldsymbol{x}}_{k-1}] + G[\boldsymbol{u}_{k-1}] \tag{3-44}$$

$$[\omega_k] = [\omega_{k-1}] \tag{3-45}$$

其中，$[\boldsymbol{u}_{k-1}] = ([-3\sigma_u, 3\sigma_u], [-3\sigma_u, 3\sigma_u])^{\mathrm{T}}$，$[\omega_{k-1}] = [-3\sigma_{\bar{\omega}}, 3\sigma_{\bar{\omega}}]$。式 3-44 是运动状态转移方程组的矩阵形式，由于$[\omega_{k-1}]$在各方程表达式中多次出现，因此这些表达式的自然包含函数并不是最小的，从而预测的箱粒子尺寸也不是最小的，但箱粒子实现方案仍然是有效的。

量测模型为

$$z_k = \begin{pmatrix} \arctan(p_{x,k}/p_{y,k}) \\ \sqrt{p_{x,k}^2 + p_{y,k}^2} \end{pmatrix} + \boldsymbol{v}_k \tag{3-46}$$

式中，量测噪声 $\boldsymbol{v}_k$ 是高斯白噪声，均值为零，方差为 $\boldsymbol{R}_k = \mathrm{diag}((\sigma_\theta^2, \sigma_r^2)^{\mathrm{T}})$。有偏差的区间量测定义为

$$[\boldsymbol{z}_k] = [\boldsymbol{z}_k - 0.9\Delta, \boldsymbol{z}_k + 0.1\Delta] \tag{3-47}$$

式中，$\Delta = (\Delta\theta, \Delta r)^{\mathrm{T}}$，$\Delta\theta$ 表示方位角的区间宽度，$\Delta r$ 表示距离的区间宽度。量测参数 $\sigma_\theta$、$\sigma_r$、$\Delta\theta$、$\Delta r$ 的数值见表 3.2。

杂波过程可建模为一个泊松随机有限集，其强度函数为

$$\kappa_k(\boldsymbol{z}) = \lambda_c V U(\boldsymbol{z}) \tag{3-48}$$

式中，$\lambda_c = 1.6 \times 10^{-3}(\mathrm{radm})^{-1}$ 表示杂波密度，$U(\boldsymbol{z})$表示一个在区域$[0, \pi]\mathrm{rad} \times [0, 2000]\mathrm{m}$ 上的均匀分布，$V = \int U(\boldsymbol{z})\mathrm{d}\boldsymbol{z}$。目标存活概率 $P_S(\boldsymbol{x}_k) = 0.99$。传感器检测概率为

$$P_d(\boldsymbol{x}_k) = \frac{0.98\,\mathcal{N}((p_{x,k}, p_{y,k}); (0,0), \mathrm{diag}((6000, 6000))^2)}{\mathcal{N}((0,0); (0,0), \mathrm{diag}((6000, 6000))^2)} \tag{3-49}$$

对于箱粒子滤波，$P_S([\boldsymbol{x}_k])\approx P_S(m([\boldsymbol{x}_k]))$，$P_d([\boldsymbol{x}_k])\approx P_d(m([\boldsymbol{x}_k]))$，$\kappa_k([\boldsymbol{z}])\approx\kappa_k(m([\boldsymbol{z}]))$，其中 $m([\boldsymbol{x}])$ 表示 $[\boldsymbol{x}]$ 的中心点，后续章节的仿真将以相同方式处理 $P_S([\boldsymbol{x}_k])$、$P_d([\boldsymbol{x}_k])$、$\kappa_k([\boldsymbol{z}])$。

新生过程可建模为一个 LMB 随机有限集，其概率密度参数为

$$\pi_{B,+}=\{r_{B,+}^{(i)},\ p_{B,+}^{(i)}\}_{i=1}^{3} \tag{3-50}$$

其中，$p_{B,+}^{(i)}(\boldsymbol{x})=\mathcal{N}(\boldsymbol{x};\boldsymbol{m}_{B,+}^{(i)},\boldsymbol{P}_{B,+})$。非线性场景下的新生过程参数的数值如表 3.3 所示。

**表 3.3 非线性场景下的新生过程参数**

| 参数 | 数 值 |
|---|---|
| $r_{B,+}^{(1)}$ | 0.01 |
| $m_{B,+}^{(1)}$ | $(1200,0,250,0,0)^{\mathrm{T}}$ |
| $r_{B,+}^{(2)}$ | 0.01 |
| $m_{B,+}^{(2)}$ | $(-1000,0,1400,0,0)^{\mathrm{T}}$ |
| $r_{B,+}^{(3)}$ | 0.04 |
| $m_{B,+}^{(3)}$ | $(0,0,1000,0,0)^{\mathrm{T}}$ |
| $P_{B,+}$ | $\mathrm{diag}((20,20,20,20,\pi/180)^{\mathrm{T}})^2$ |

LMB 滤波航迹修剪的阈值 $\vartheta_d=1\times10^{-3}$，多目标状态提取的阈值 $\vartheta_u=0.7$，$\vartheta_l=0.2$。箱粒子重采样数量 $N=40$。由于传感器量测不包含距离变化率，因此目标状态向量中的速度分量是未被测量的，这些分量不受量测的约束。假设已知目标无人机速度在 $[-60,60]$ m/s 的范围内变化，则可以将量测用作约束条件以使目标状态向量的位置分量收缩，并将目标速度变化范围用作约束条件以使目标状态向量的速度分量收缩。针对目标位置速度向量 $[\tilde{\boldsymbol{x}}_k]$ 的约束传播算法如图 3.2 所示。

| 输入：$[\boldsymbol{x}]=([p_x],[\dot{p}_x],[p_y],[\dot{p}_y])^{\mathrm{T}}$，$[\boldsymbol{z}]=([\theta],[r])^{\mathrm{T}}$ |
|---|
| $[p_x]=[p_x]\cap\sqrt{[r]^2-[p_y]^2}$<br>$[p_y]=[p_y]\cap\sqrt{[r]^2-[p_x]^2}$<br>$[p_x]=[p_x]\cap[p_y]\cdot\tan([\theta])$<br>$[p_y]=[p_y]\cap[p_x]/\tan([\theta])$<br>$[\dot{p}_x]=[\dot{p}_x]\cap[-60,60]$<br>$[\dot{p}_y]=[\dot{p}_y]\cap[-60,60]$ |
| 输出：$[h_{CP}]([\tilde{\boldsymbol{x}}_k],[\boldsymbol{z}])=([p_x],[\dot{p}_x],[p_y],[\dot{p}_y])$ |

图 3.2 非线性场景下的约束传播算法

**2. 实验结果分析**

图 3.3 与图 3.4 给出了 BPI-LMB 算法的单次运行结果，图中不同航迹用不同颜色和标志符号表示。图 3.3 中灰色方框代表目标量测或杂波量测，不同颜色和标志的符号代表不同目标的状态估计值。从这两幅图可以看出，所有目标在大多数时刻的状态估计值都是精确的，只有少数时刻的状态估计值与真实值偏差较大。还可以看出，在目标航迹交会时，没有出现航迹标签错误分配的问题。图 3.3 还表明，区间量测距离传感器越远，其体积就越大。这是由于对应同等长度的角度区间，距离圆心越远的弧越长。

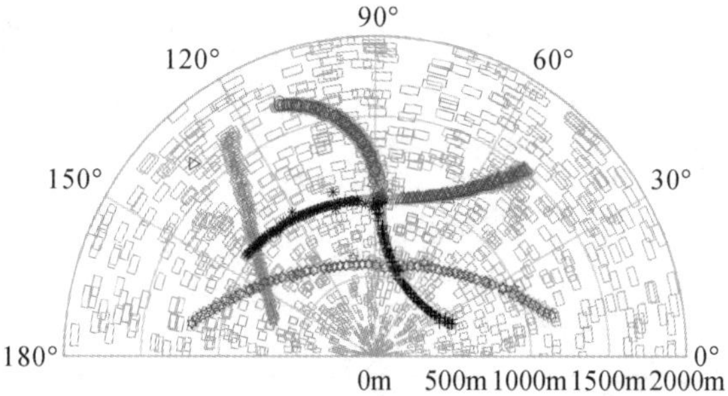


图 3.3　非线性场景下 BPI-LMB 单次运行结果在极坐标系中示意图

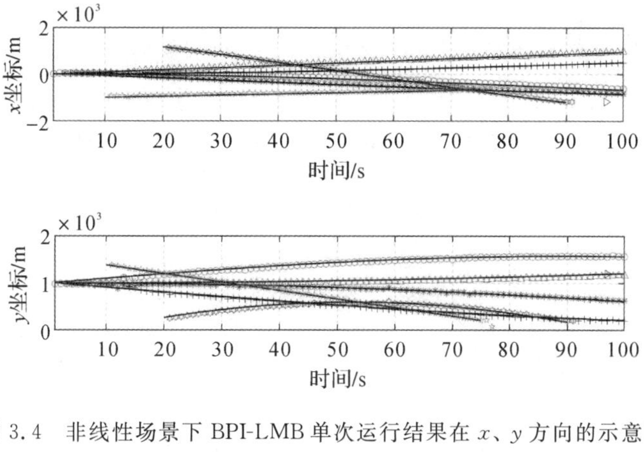


图 3.4　非线性场景下 BPI-LMB 单次运行结果在 $x$、$y$ 方向的示意图

图 3.5 给出了 BPI-LMB 算法、PI-LMB 算法的势估计均值与势估计标准差。图中 PI-LMB($J=1000$)、PI-LMB($J=2000$)、PI-LMB($J=5000$)分别表示 PI-LMB 算法以 1000、2000、5000 个粒子近似目标状态概率密度函数的情况。可以看出，BPI-LMB 算法和 PI-LMB 算法的势估计均值都很准确。BPI-LMB

算法对目标消亡的反应速度与 PI-LMB 算法相比，存在一到两个时刻的延迟。在 10～20 s 和 60～68 s 这两个时间段内，BPI-LMB 的势估计标准差大于各情况（$J$＝1000、2000、5000）下的 PI-LMB 算法；而在其余采样时刻，BPI-LMB 的势估计标准差总体上小于 PI-LMB（$J$＝1000）和 PI-LMB（$J$＝2000）的标准差，大于 PI-LMB（$J$＝5000）的标准差。

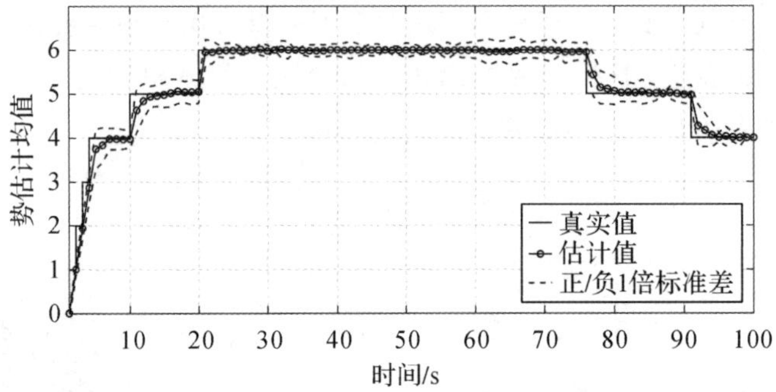


(a) BPI-LMB

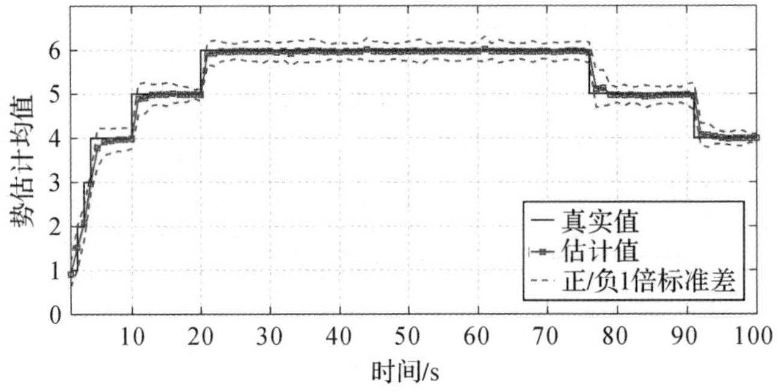


(b) PI-LMB（$J$＝1000）

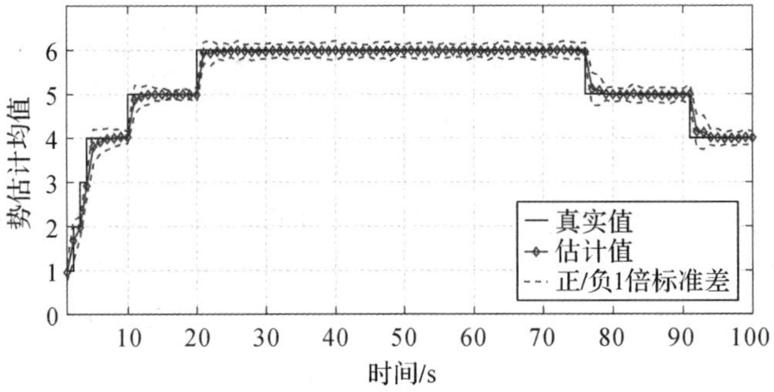


(c) PI-LMB（$J$＝2000）

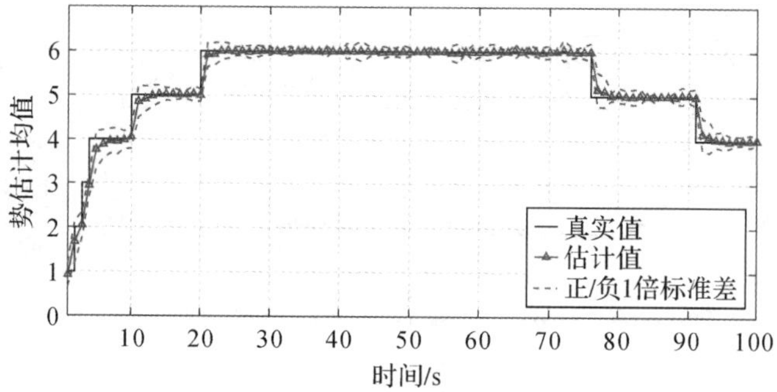


(d) PI-LMB($J=5000$)

图 3.5　非线性场景下不同滤波方法的势估计均值与势估计标准差

图 3.6 和图 3.7 给出了 BPI-LMB 算法和 PI-LMB 算法包含值与体积值的对比结果。可以看出，PI-LMB 算法随着粒子数 $J$ 的增加，其包含值也在增加，而体积值几乎不变。BPI-LMB 算法的包含值和体积值均高于 PI-LMB 算法。经统计，BPI-LMB 的包含值比 PI-LMB 分别取 $J=1000$、2000、5000 时的包含值平均分别高出 63.8%、20.3%和 1.0%。更高的包含值表明有更多真实目标状态包含在估计的后验状态概率密度函数的支撑集内。事实上，最大化包含值比最小化体积值更为重要。

图 3.8 给出了 BPI-LMB 算法和 PI-LMB 算法的 OSPA 距离($p=1$，$c=300$ m)。在大多数采样时刻，BPI-LMB 算法的 OSPA 距离接近 PI-LMB 算法，但在有目标新生时(1～20 s)和有目标航迹交会时(50～60 s)，前者的 OSPA 距离明显大于后者。

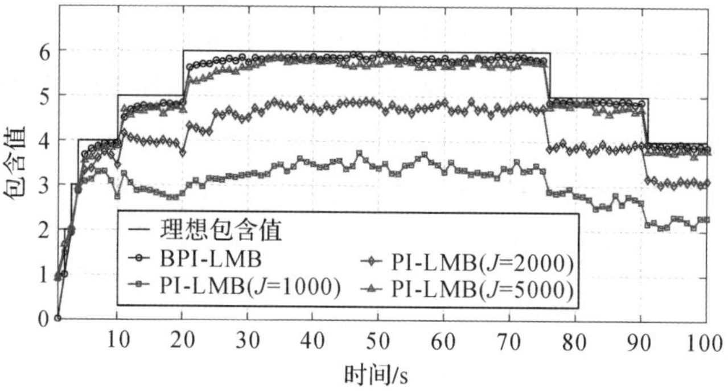


图 3.6　非线性场景下不同滤波方法的包含值

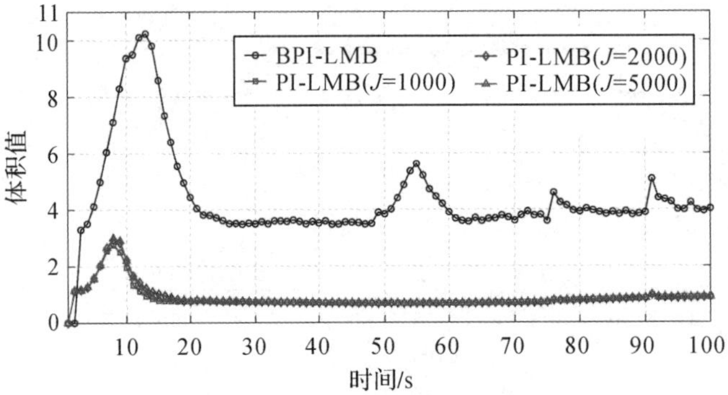


图 3.7 非线性场景下不同滤波方法的体积值

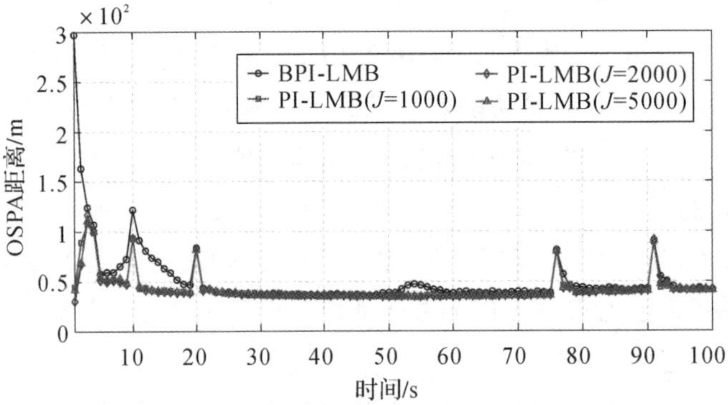


图 3.8 非线性场景下不同滤波方法的 OSPA 距离

综合考虑势估计均值与标准差、包含值、体积值以及 OSPA 距离，可以看出，BPI-LMB 的综合性能与 PI-LMB($J=5000$)相近。非线性场景下不同滤波方法的平均运行时间如表 3.4 所示，BPI-LMB 算法平均运行时间为 14.13 s，PI-LMB($J=5000$)算法的平均运行时间为 96.71 s，前者耗时仅为后者的 15%。仿真实验结果表明：在综合性能相近的条件下，BPI-LMB 算法比 PI-LMB 算法效率更高。

**表 3.4 非线性场景下不同滤波方法平均运行时间**

| 跟踪算法 | 运行时间/s |
|---|---|
| BPI-LMB | 14.13 |
| PI-LMB($J=1000$) | 21.15 |
| PI-LMB($J=2000$) | 38.78 |
| PI-LMB($J=5000$) | 96.71 |

## 3.4.2　线性场景

### 1. 场景描述

考虑一个线性多目标跟踪场景，场景中只有一个传感器。目标真实航迹如图 3.9 所示，其中○表示航迹起点，△表示航迹终点，不同航迹以不同颜色和标志符号表示。真实航迹的起始状态、新生时刻和消亡时刻如表 3.5 所示。目标状态向量 $\boldsymbol{x}_k=(p_{x,k},\dot{p}_{x,k},p_{y,k},\dot{p}_{y,k})^{\mathrm{T}}$。

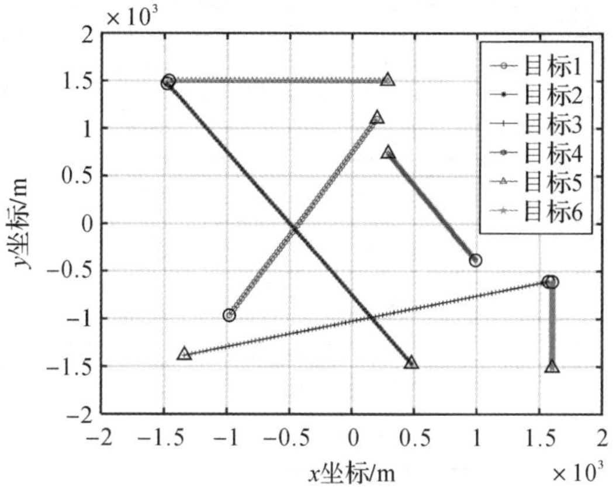


图 3.9　线性场景下的目标真实航迹

**表 3.5　线性场景下目标的真实航迹起始状态、新生时刻和消亡时刻**

| 航迹 | 起始状态 | 新生时刻/s | 消亡时刻/s |
|---|---|---|---|
| 目标 1 | $(-1000, 20, -1000, 35)^{\mathrm{T}}$ | 1 | 60 |
| 目标 2 | $(-1500, 20, 1500, -30)^{\mathrm{T}}$ | 2 | 100 |
| 目标 3 | $(1600, -30, -600, -8)^{\mathrm{T}}$ | 3 | 100 |
| 目标 4 | $(1000, -10, -400, 16)^{\mathrm{T}}$ | 10 | 80 |
| 目标 5 | $(-1500, 35, 1500, 0)^{\mathrm{T}}$ | 10 | 60 |
| 目标 6 | $(1600, 0, -600, -10)^{\mathrm{T}}$ | 10 | 100 |

1）粒子滤波的目标状态转移模型

对于粒子滤波，目标状态转移模型由下式描述：

$$\boldsymbol{x}_k=\boldsymbol{F}\boldsymbol{x}_{k-1}+\boldsymbol{G}\boldsymbol{u}_{k-1}\tag{3-51}$$

式中，$\boldsymbol{G}$ 由式(3-43)给出，$\boldsymbol{F}$ 为

$$\boldsymbol{F}=\begin{bmatrix}1 & T_{\mathrm{S}} & 0 & 0\\ 0 & 1 & 0 & 0\\ 0 & 0 & 1 & T_{\mathrm{S}}\\ 0 & 0 & 0 & 1\end{bmatrix} \tag{3-52}$$

过程噪声 $\boldsymbol{u}_{k-1}$ 服从高斯分布 $p(\boldsymbol{u}_{k-1})=\mathcal{N}(\boldsymbol{u}_{k-1};0,\sigma_u^2\boldsymbol{I}_2)$。状态转移模型参数 $T_{\mathrm{S}}$、$\sigma_u$ 的数值如表 3.6 所示。

**表 3.6 线性场景下的状态转移模型与量测模型参数**

| 参数 | 数值 | 单位 |
|---|---|---|
| $T_{\mathrm{S}}$ | 1 | s |
| $\sigma_u$ | 5 | $\mathrm{m/s^2}$ |
| $\sigma_x$ | 5 | m |
| $\sigma_y$ | 5 | m |
| $\Delta x$ | 60 | m |
| $\Delta y$ | 60 | m |

2) 箱粒子滤波的状态转移模型

对于箱粒子滤波，状态转移模型由下式描述：

$$[\boldsymbol{x}_k]=\boldsymbol{F}[\boldsymbol{x}_{k-1}]+\boldsymbol{G}[\boldsymbol{u}_{k-1}] \tag{3-53}$$

式中，$[\boldsymbol{u}_{k-1}]=([-3\sigma_u,3\sigma_u],[-3\sigma_u,3\sigma_u])^{\mathrm{T}}$。式(3-53)是运动状态转移方程组的矩阵形式，由于$[p_{x,k-1}]$、$[\dot{p}_{x,k-1}]$、$[p_{y,k-1}]$、$[\dot{p}_{y,k-1}]$等变量在各方程表达式中均只出现一次，因此这些表达式的自然包含函数是最小的，从而预测的箱粒子尺寸也是最小的。

线性场景的量测模型为

$$\boldsymbol{z}_k=\boldsymbol{H}\boldsymbol{x}_k+\boldsymbol{v}_k \tag{3-54}$$

式中，

$$\boldsymbol{H}=\begin{bmatrix}1 & 0 & 0 & 0\\ 0 & 0 & 1 & 0\end{bmatrix} \tag{3-55}$$

量测噪声 $\boldsymbol{v}_k$ 是高斯白噪声，均值为零，方差为 $\boldsymbol{R}_k=\mathrm{diag}((\sigma_x^2,\sigma_y^2)^{\mathrm{T}})$。区间量测$[\boldsymbol{z}_k]$的形式与式(3-47)相同，其中 $\boldsymbol{\Delta}=(\Delta x,\Delta y)^{\mathrm{T}}$，$\Delta x$ 表示 $x$ 方向位置量测

的区间宽度，$\Delta y$ 表示 $y$ 方向位置量测的区间宽度。量测参数 $\sigma_x$、$\sigma_y$、$\Delta x$、$\Delta y$ 的数值见表 3.6。

杂波强度函数 $\kappa_k(\boldsymbol{z})$的形式与式(3-48)相同，其中 $\lambda_c=6.25\times10^{-7}\ \mathrm{m}^{-2}$，$U(\boldsymbol{z})$表示一个在区域$[-2000,\ 2000]\mathrm{m}\times[-2000,\ 2000]\mathrm{m}$ 上的均匀分布。目标存活概率 $P_{\mathrm{S}}(\boldsymbol{x}_k)=0.99$。传感器检测概率 $P_{\mathrm{d}}(\boldsymbol{x}_k)=0.98$。

新生过程可建模为一个 LMB 随机有限集，其概率密度参数为

$$\pi_{B,+}=\{r_{B,+}^{(i)},\ p_{B,+}^{(i)}\}_{i=1}^{4} \tag{3-56}$$

其中，$p_{B,+}^{(i)}(\boldsymbol{x})=\mathcal{N}(\boldsymbol{x};\ \boldsymbol{m}_{B,+}^{(i)},\ \boldsymbol{P}_{B,+})$。新生过程参数的数值如表 3.7 所示。

**表 3.7　线性场景下的新生过程参数**

| 参数 | 数　值 |
|---|---|
| $r_{B,+}^{(1)}$ | 0.01 |
| $m_{B,+}^{(1)}$ | $(-1000,\ 0,\ -1000,\ 0)^{\mathrm{T}}$ |
| $r_{B,+}^{(2)}$ | 0.02 |
| $m_{B,+}^{(2)}$ | $(-1500,\ 0,\ 1500,\ 0)^{\mathrm{T}}$ |
| $r_{B,+}^{(3)}$ | 0.02 |
| $m_{B,+}^{(3)}$ | $(1600,\ 0,\ -600,\ 0)^{\mathrm{T}}$ |
| $r_{B,+}^{(4)}$ | 0.01 |
| $m_{B,+}^{(4)}$ | $(1000,\ 0,\ -400,\ 0)^{\mathrm{T}}$ |
| $P_{B,+}$ | $\mathrm{diag}((20,\ 20,\ 20,\ 20)^{\mathrm{T}})^2$ |

LMB 滤波航迹修剪的阈值 $\vartheta_{\mathrm{d}}=1\times10^{-3}$，多目标状态提取的阈值 $\vartheta_{\mathrm{u}}=0.7$，$\vartheta_{\mathrm{l}}=0.2$。箱粒子重采样数量 $N=40$。针对目标状态向量$[\boldsymbol{x}_k]$的约束传播算法如图 3.10 所示。

| |
|---|
| 输入：$[\boldsymbol{x}]=([p_x],\ [\dot{p}_x],\ [p_y],\ [\dot{p}_y])^{\mathrm{T}}$，$[\boldsymbol{z}]=([z_x],\ [z_y])^{\mathrm{T}}$ |
| 1：　$[p_x]=[p_x]\cap[z_x]$<br>2：　$[p_y]=[p_y]\cap[z_y]$<br>3：　$[\dot{p}_x]=[\dot{p}_x]\cap[-60,\ 60]$<br>4：　$[\dot{p}_y]=[\dot{p}_y]\cap[-60,\ 60]$ |
| 输出：$[h_{\mathrm{CP}}]([\boldsymbol{x}_k],\ [\boldsymbol{z}])=([p_x],\ [\dot{p}_x],\ [p_y],\ [\dot{p}_y])$ |

图 3.10　线性场景下的约束传播算法

**2. 实验结果与分析**

图 3.11 与图 3.12 给出了 BPI-LMB 算法的单次运行结果。可以看出，所有目标在大多数时刻的状态估计值都是精确的，只有个别时刻的状态估计值与真实值偏差较大。在目标航迹交会时，没有出现航迹标签错误分配的问题。

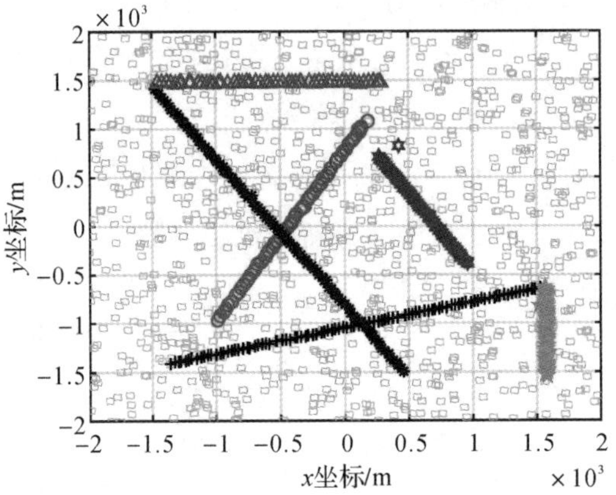


图 3.11 线性场景下 BPI-LMB 单次运行结果在直角坐标系中的示意图

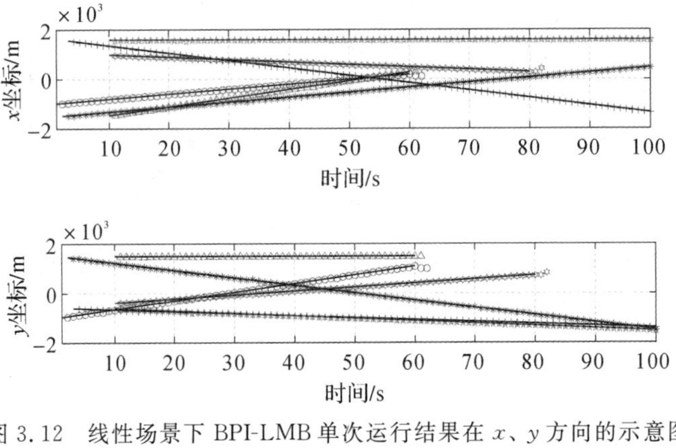


图 3.12 线性场景下 BPI-LMB 单次运行结果在 $x$、$y$ 方向的示意图

图 3.13 给出了 BPI-LMB 算法、PI-LMB 算法的势估计结果。可以看出，BPI-LMB 和 PI-LMB 对目标数都存在不同程度的低估现象，其中 PI-LMB ($J=1000$)的势估计均值与真实值的差距最大，PI-LMB($J=5000$)的势估计均值与真实值的差距最小，BPI-LMB 的势估计均值与 PI-LMB($J=2000$)的势估计均值比较接近。BPI-LMB 的势估计标准差比 PI-LMB($J=1000$)和 PI-LMB ($J=2000$)的更小，与 PI-LMB($J=5000$)比较接近。

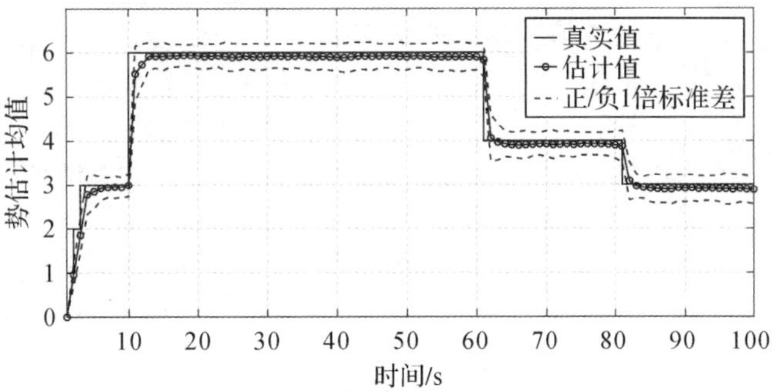


(a) BPI-LMB

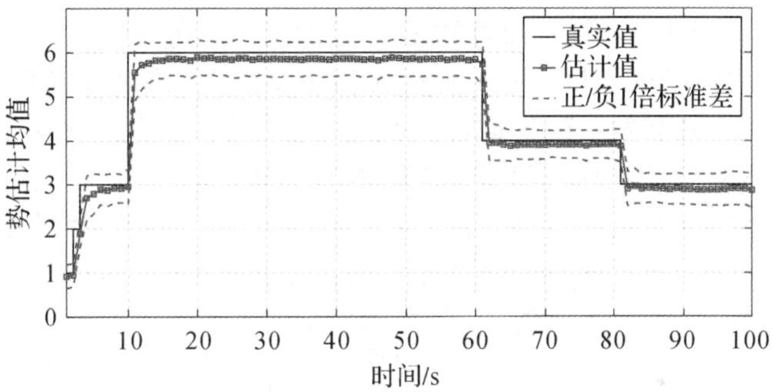


(b) PI-LMB($J=1000$)

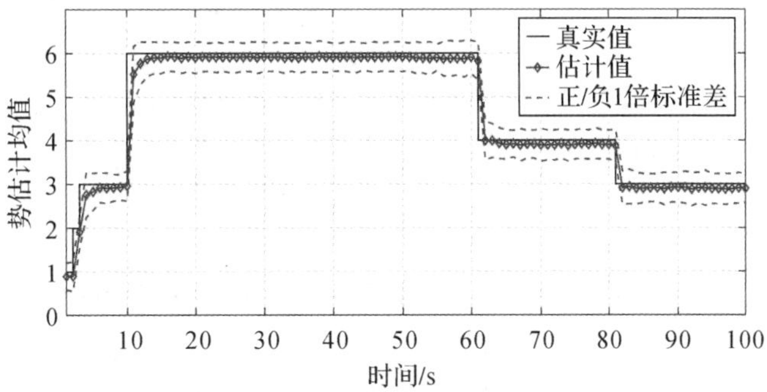


(c) PI-LMB($J=2000$)

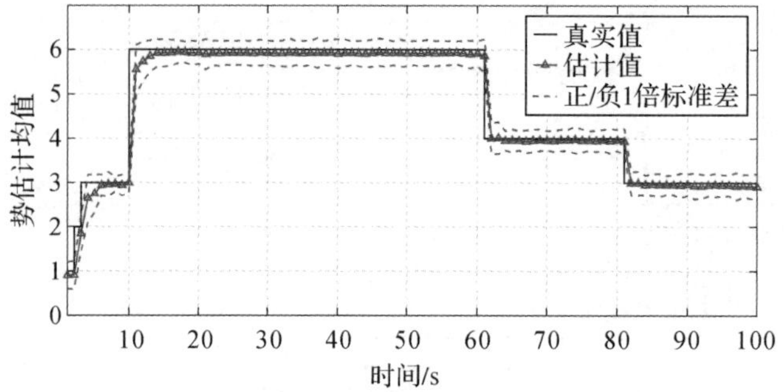


(d) PI-LMB($J=5000$)

图 3.13 线性场景下不同滤波方法的势估计均值与标准差

图 3.14 和图 3.15 对比了 BPI-LMB 算法和 PI-LMB 算法的包含值与体积值。可以看出，PI-LMB 算法随着粒子数 $J$ 的增加，包含值也在增加，而体积值几乎不变。经统计，BPI-LMB 的包含值整体上比 PI-LMB($J=1000$)的高 18.9%，比 PI-LMB($J=2000$)的低 3.9%，比 PI-LMB($J=5000$)的低 14.9%。同时，BPI-LMB 算法的体积值高于 PI-LMB 算法。

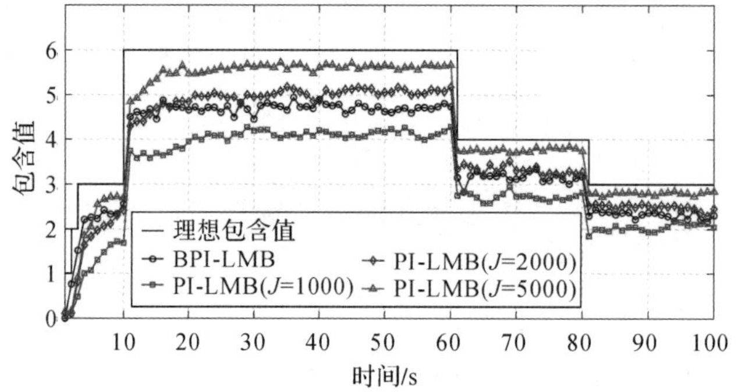


图 3.14 线性场景下不同滤波方法的包含值

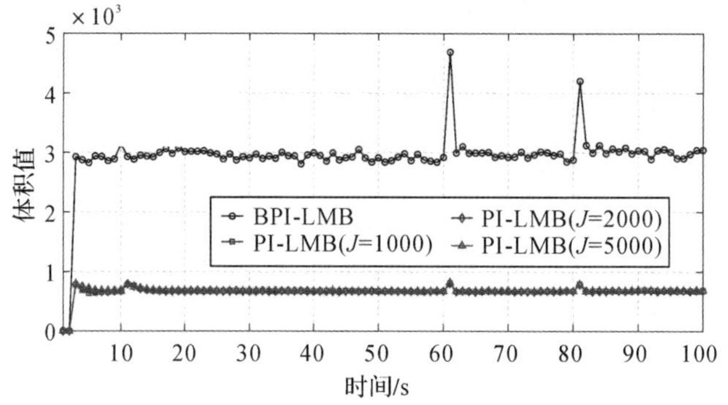


图 3.15 线性场景下不同滤波方法的体积值

图 3.16 给出了 BPI-LMB 算法和 PI-LMB 算法的 OSPA 距离（$p=1$，$c=300$ m）。可以看出，BPI-LMB 算法与 PI-LMB 算法的 OSPA 距离曲线几乎重叠。

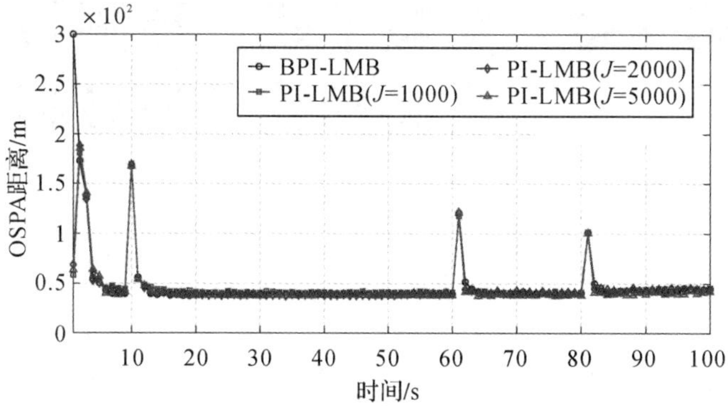


图 3.16　线性场景下不同滤波方法的 OSPA 距离

综合考虑势估计均值与标准差、包含值、体积值以及 OSPA 距离，可以看出，BPI-LMB 的综合性能与 PI-LMB（$J=2000$）的综合性能相近。各跟踪算法的平均运行时间如表 3.8 所示，BPI-LMB 算法平均运行时间为 5.36 s，PI-LMB（$J=2000$）算法的平均运行时间为 27.13 s，前者耗时仅约为后者的 20%。

**表 3.8　线性场景下不同滤波方法的平均运行时间**

| 跟踪算法 | 运行时间/s |
|---|---|
| BPI-LMB | 5.36 |
| PI-LMB（$J=1000$） | 13.68 |
| PI-LMB（$J=2000$） | 27.13 |
| PI-LMB（$J=5000$） | 70.17 |

## 3.5　本章小结

本章针对区间量测下的多目标跟踪问题，将箱粒子滤波作为数值计算途径应用于涉及积分运算的 LMB 滤波，介绍了 BPI-LMB 算法。针对区间量测下状态估计性能评价指标包含值与体积值仅适用于单目标跟踪的问题，我们推广了包含值与体积值的定义，使之适用于多目标跟踪。仿真实验表明，BPI-LMB 算法相比 PI-LMB 算法，在跟踪性能相近时，具有更轻的计算负担。

# 第4章 箱粒子联合预测与更新广义标签多伯努利滤波

## 4.1 引言

在贝叶斯决策理论[235]中，对于给定的似然函数，当先验分布与后验分布属于同一类型时，二者称为共轭分布。此时先验分布称为似然函数的共轭先验。在贝叶斯多目标滤波中，如果先验多目标概率密度是共轭先验并且是已知的，那么后验多目标概率密度函数的形式就可以根据其共轭先验得到。共轭先验有多种类型，实用的共轭先验必须能够为多目标跟踪的先验信息建模。Vo提出了一种实用的共轭先验——GLMB多目标概率密度，它具有两个性质：

(1) GLMB多目标概率密度是查普曼-柯尔莫哥洛夫(Chapman-Kolmogorov，C-K)方程的闭合解；

(2) GLMB多目标概率密度是多目标量测似然函数的共轭先验。

两个性质中，前者表明，如果先验多目标概率密度是GLMB形式的，则预测后的多目标概率密度也是GLMB形式的；后者表明，如果预测后的多目标概率密度是GLMB形式的，则更新后的多目标概率密度也是GLMB形式的。由于GLMB多目标概率密度具有优良的数学性质，GLMB滤波[23-24]具有良好的估计性能。在任意采样时刻，GLMB滤波的预测与更新是分离的两个步骤，而联合预测与更新GLMB(Joint Prediction and Update GLMB，JGLMB)滤波的预测与更新是一步完成的。JGLMB滤波既保持了GLMB滤波良好的估计性能，又克服了GLMB滤波计算负担过重的问题，具有较好的工程应用价值。与LMB滤波相似，JGLMB滤波也需要通过高斯混合、粒子滤波、箱粒子滤波等数值计算技术实现。

粒子滤波重采样需要复制权值较大的粒子，一个高权值粒子可能会被选中多次，进而被复制成多份。而箱粒子滤波重采样需要分割权值较大的箱粒子，一个高权值箱粒子也可能会被选中多次，进而被分割为多个小箱。分割箱粒子的常规方法是从箱粒子向量中随机选择一个维度进行分割。该方法主要适用于目标状态向量中所有元素均可测量的情况，这是因为箱粒子各维度区间值都可以从量测向量中找到相应的区间值，并受此区间值约束而收缩。因此，可以随机选择一个维度对箱粒子进行分割。然而，如果目标状态向量中包含未测量的元素，那么常规方法就有可能失效。这是因为在目标状态箱粒子中，未测量元素的区间值因得不到量测约束而无法收缩，反而会随迭代次数增加和有界噪声的引入而不断变宽，从而导致整个箱粒子不断变大。箱粒子体积越大，表示不确定性越大。

针对上述问题，本章介绍了修正的箱粒子滤波重采样方法。该方法定义了一个新的参数，称为箱分辨率向量。该参数可在重采样过程中为每个箱粒子向量的每个元素设置区间宽度上限。针对 JGLMB 滤波没有闭合解的问题，本章介绍了箱粒子实现的 JGLMB（Box Particle Implementation of JGLMB, BPI-JGLMB）滤波算法，同时给出了与 BPI-JGLMB 滤波算法相对应的粒子实现 JGLMB(Particle Implementation of JGLMB, PI-JGLMB）滤波算法；仿真实验证明所述箱粒子滤波重采样方法是有效的，还证明 BPI-JGLMB 滤波算法相比 PI-JGLMB 滤波算法，在达到相似性能水平时，计算负担显著降低。

## 4.2　修正的箱粒子滤波重采样方法

假设目标状态向量的部分元素未被测量，假设这些元素的先验分布已知，那么可以用量测来收缩箱粒子中被测量的元素，用先验分布的支撑集来收缩未被测量的元素。量测约束下收缩的元素与先验分布支撑集约束下收缩的元素，具有不同程度的不确定性。为此，本书定义箱分辨率向量。首先，以该向量作为尺度衡量箱粒子向量各维度的不确定性；然后，选择不确定性最大的维度，在该维度上分割被选中的箱粒子；最后，根据该向量，对所有箱粒子作二次分割。下面阐述具体方法。

定义箱分辨率向量$\varrho \in \mathbb{R}^n$：

$$\boldsymbol{\varrho} \stackrel{\text{def}}{=} (\varrho_1, \cdots, \varrho_n)^{\mathrm{T}} \tag{4-1}$$

其中，$\varrho_j(j=1, 2, \cdots, n)$表示重采样后所有箱粒子第 $j$ 维的区间宽度上限，$n$ 为目标状态向量的维数。$\boldsymbol{\varrho}$是人为调节的参数。箱分辨率向量与目标状态向量具有相同的维数与单位。

重采样过程分为以下两步：

(1) 假设当前时刻需要从加权箱粒子集合$\{\tilde{w}_i, [\tilde{\boldsymbol{x}}_i]\}_{i=1}^N$中重采样 $N_1$ 个箱粒子。如果箱粒子$[\tilde{\boldsymbol{x}}_i] \stackrel{\text{def}}{=} ([\tilde{x}_{i1}], \cdots, [\tilde{x}_{in}])^{\mathrm{T}}$ 被选中 $c_i$ 次，那么$[\tilde{\boldsymbol{x}}_i]$就在第 $d_i$ 维被分割成 $c_i$ 个小箱，其中，$d_i$ 的计算公式如下：

$$d_i = \underset{1 \leqslant j \leqslant n}{\operatorname{argmax}} \left( \frac{w([\tilde{x}_{ij}])}{\varrho_j} \right) \tag{4-2}$$

式中，$w([\tilde{x}_{ij}])$表示区间$[\tilde{x}_{ij}]$的宽度，$w([\tilde{x}_{ij}])/\varrho_j$ 表示第 $i$ 个箱第 $j$ 维以$\varrho_j$为尺度的不确定性。将所有箱粒子$[\tilde{\boldsymbol{x}}_i](i=1, 2, \cdots, N)$分割完毕后，再将权值归一化，即可得到

$$\{w'_k = 1/N_1, [\boldsymbol{x}'_k]\}_{k=1}^{N_1} \tag{4-3}$$

实际上，$[\boldsymbol{x}'_k](k=1, 2, \cdots, N_1)$的尺寸可能仍然偏大，即目标状态的不确定性仍然偏大。

(2) 为将箱粒子尺寸严格约束在箱分辨率内，需要对$[\boldsymbol{x}'_k]=([x'_{k1}], \cdots, [x'_{kn}])^{\mathrm{T}}(k=1, 2, \cdots, N_1)$进行再分割。再分割之前，需要先计算倍数向量 $\boldsymbol{a}_k=(a_{k1}, \cdots, a_{kn})^{\mathrm{T}}$，其中

$$a_{kj} = \left\lceil \frac{w([x'_{kj}])}{\varrho_j} \right\rceil, \ j = 1, 2, \cdots, n \tag{4-4}$$

$\lceil x \rceil$表示对实数 $x \in \mathbb{R}$ 向上取整，整数 $a_{kj}$ 的含义是在第 $j$ 维将箱粒子分割为 $a_{kj}$ 个。例如，在第一维度将$[\boldsymbol{x}'_k]$分割成 $a_{k1}$ 个箱粒子，并且将分割后箱粒子集合记作

$$\Xi_k^{(1)} = \{[\boldsymbol{x}_k^{(1)}], \cdots, [\boldsymbol{x}_k^{(a_{k1})}]\} \tag{4-5}$$

相似地，在第二维度将 $\Xi_k^{(1)}$ 中每个箱粒子各分割成 $a_{k2}$ 个箱粒子，于是就得到一个由 $a_{k1}a_{k2}$ 个箱粒子组成的新集合

$$\Xi_k^{(2)} = \{[\boldsymbol{x}_k^{(1)}], \cdots, [\boldsymbol{x}_k^{(a_{k1}a_{k2})}]\} \tag{4-6}$$

将上述分割操作在剩余各维度上依次实施。最终，$[\boldsymbol{x}'_k]$ 被分割成 $A_k = \prod_{j=1}^{n} a_{kj}$ 个小箱，即

$$\Xi_k^{(n)} = \{[\boldsymbol{x}_k^{(1)}], \cdots, [\boldsymbol{x}_k^{(A_k)}]\} \tag{4-7}$$

其中，每个箱粒子的权值均等于 $1/(N_1A_k)$。

对所有$[\boldsymbol{x}_k']$($k=1, 2, \cdots, N_1$)执行完再分割后，产生的箱粒子集合就是重采样结果：

$$\{w_l, [\boldsymbol{x}_l]\}_{l=1}^{N_2} = \bigcup_{k=1}^{N_1}\left\{w_{kr} = \frac{1}{N_1A_k}, [\boldsymbol{x}_k^{(r)}]\right\}_{r=1}^{A_k} \tag{4-8}$$

式中，

$$N_2 = \sum_{k=1}^{N_1} A_k \tag{4-9}$$

# 4.3　联合预测与更新广义标签多伯努利滤波的实现

本节介绍 JGLMB 滤波的两种实现，一种是箱粒子迭代实现，即 BPI-JGLMB 算法，另一种是与 BPI-JGLMB 相对应的粒子迭代实现，即 PI-JGLMB 算法。这两种方法均服从 3.3 节的假设 A.1 和假设 A.2。

## 4.3.1　箱粒子迭代

下面介绍 BPI-JGLMB 算法的主要环节，包括联合预测与更新，重采样、航迹假设修剪与状态估计值提取等。

**1. 联合预测与更新**

将 $k$ 时刻的后验 GLMB 多目标概率密度记作式(2-8)，$k+1$ 时刻新生标签多伯努利(Labeled Multi-Bernoulli, LMB) 多目标概率密度记作式(2-9)，则 $k+1$ 时刻的后验 GLMB 多目标概率密度可记作式(2-10)。

将关联历史 $\xi$ 下的目标状态概率密度函数 $p^{(\xi)}(\boldsymbol{x}, \ell)$近似为一个加权箱粒子集合$\{w_i^{(\xi)(\ell)}, [\boldsymbol{x}_i^{(\xi)(\ell)}]\}_{i=1}^{N^{(\xi)(\ell)}}$，将新生目标状态概率密度函数 $p_{B,+}(\boldsymbol{x}, \ell)$近似为$\{w_{B,+,i}^{(\ell)}, [\boldsymbol{x}_{B,+,i}^{(\ell)}]\}_{i=1}^{N_{B,+}^{(\ell)}}$。将预测的目标状态概率密度函数 $\bar{p}_+^{(\xi)}(\boldsymbol{x}, \ell)$近似为$\{w_{+,i}^{(\xi)(\ell)}, [\boldsymbol{x}_{+,i}^{(\xi)(\ell)}]\}_{i=1}^{N_+^{(\xi)(\ell)}}$，再将更新的目标状态概率密度函数 $p_{Z_+}^{(\xi,\theta_+(\ell))}(\boldsymbol{x}, \ell)$近似为$\{w_{Z_+,i}^{(\xi,\theta_+(\ell))}, [\boldsymbol{x}_{Z_+,i}^{(\xi,\theta_+(\ell))}]\}_{i=1}^{N_+^{(\xi)(\ell)}}$，根据式(2-11)～式(2-16)，可得

$$\{w_{+,i}^{(\xi)(\ell)}, [\boldsymbol{x}_{+,i}^{(\xi)(\ell)}]\}_{i=1}^{N_+^{(\xi)(\ell)}} = \{w_{S,i}^{(\xi)(\ell)}, [\boldsymbol{x}_{S,i}^{(\xi)(\ell)}]\}_{i=1}^{N^{(\xi)(\ell)}} \cup \{w_{B,+,i}^{(\ell)}, [\boldsymbol{x}_{B,+,i}^{(\ell)}]\}_{i=1}^{N_{B,+}^{(\ell)}} \tag{4-10}$$

$$w_{S,i}^{(\xi)(\ell)} = \frac{P_S([\boldsymbol{x}_i^{(\xi)(\ell)}], \ell) w_i^{(\xi)(\ell)}}{\bar{P}_S^{(\xi)}(\ell)} \tag{4-11}$$

$$[\boldsymbol{x}_{S,i}^{(\xi)(\ell)}] = [f]([\boldsymbol{x}_i^{(\xi)(\ell)}]) + [\boldsymbol{u}] \tag{4-12}$$

$$\bar{P}_S^{(\xi)}(\ell) = \sum_{i=1}^{N^{(\xi)(\ell)}} P_S([\boldsymbol{x}_i^{(\xi)(\ell)}], \ell) w_i^{(\xi)(\ell)} \tag{4-13}$$

$$w_{Z_+,i}^{(\xi,\theta_+(\ell))} = \frac{w_{+,i}^{(\xi)(\ell)} \psi_{Z_+}^{(\theta_+(\ell))}([\boldsymbol{x}_{+,i}^{(\xi)(\ell)}], \ell)}{\bar{\psi}_{Z_+}^{(\xi,\theta_+(\ell))}(\ell)} \tag{4-14}$$

$$[\boldsymbol{x}_{Z_+,i}^{(\xi,\theta_+(\ell))}] = \begin{cases} [h_{CP}]([\boldsymbol{x}_{+,i}^{(\xi)(\ell)}], [\boldsymbol{z}_{\theta_+(\ell)}]), & \theta_+(\ell) > 0 \\ [\boldsymbol{x}_{+,i}^{(\xi)(\ell)}], & \theta_+(\ell) = 0 \end{cases} \tag{4-15}$$

$$\bar{\psi}_{Z_+}^{(\xi,\theta_+(\ell))}(\ell) = \sum_{i=1}^{N_+^{(\xi)(\ell)}} w_{+,i}^{(\xi)(\ell)} \psi_{Z_+}^{(\theta_+(\ell))}([\boldsymbol{x}_{+,i}^{(\xi)(\ell)}], \ell) \tag{4-16}$$

$$\psi_{Z_+}^{(j)}([\boldsymbol{x}_{+,i}^{(\xi)(\ell)}], \ell) = \begin{cases} \dfrac{g([\boldsymbol{z}_j] \mid [\boldsymbol{x}_{+,i}^{(\xi)(\ell)}], \ell) P_d([\boldsymbol{x}_{+,i}^{(\xi)(\ell)}], \ell)}{\kappa([\boldsymbol{z}_j])}, & j > 0 \\ 1 - P_d([\boldsymbol{x}_{+,i}^{(\xi)(\ell)}], \ell), & j = 0 \end{cases} \tag{4-17}$$

式中，$[f]([\boldsymbol{x}])$为单目标状态转移函数 $f(\boldsymbol{x})$的自然包含函数，$[\boldsymbol{u}]$为有界过程噪声的变化范围，函数$[h_{CP}]([\boldsymbol{x}], [\boldsymbol{z}])$的输出值是箱粒子$[\boldsymbol{x}]$以量测方程 $\boldsymbol{z} = h(\boldsymbol{x})$作约束条件而收缩所产生的箱粒子变体。$g([\boldsymbol{z}_j] \mid [\boldsymbol{x}_{+,i}^{(\xi)(\ell)}], \ell)$是给定箱粒子$[\boldsymbol{x}_{+,i}^{(\xi)(\ell)}]$条件下区间量测$[\boldsymbol{z}_j]$的似然函数[229]，其计算公式为

$$g([\boldsymbol{z}_j] \mid [\boldsymbol{x}_{+,i}^{(\xi)(\ell)}], \ell) = \frac{\| [h_{CP}]([\boldsymbol{x}_{+,i}^{(\xi)(\ell)}], [\boldsymbol{z}_j]) \|}{\| [\boldsymbol{x}_{+,i}^{(\xi)(\ell)}] \|} \tag{4-18}$$

式中，$\|[\boldsymbol{x}]\|$表示箱粒子$[\boldsymbol{x}]$的体积，见式(2-62)所定义。

**2. 重采样、航迹假设修剪与状态估计值提取**

将 $k$ 时刻的后验 GLMB 多目标概率密度记作式(2-8)。将目标状态概率密度函数 $p^{(\xi)}(\boldsymbol{x}, \ell)$，$\ell \in \mathbb{L}$，$\xi \in \Xi$，近似为加权箱粒子集合$\{w_i^{(\xi)(\ell)}, [\boldsymbol{x}_i^{(\xi)(\ell)}]\}_{i=1}^{N^{(\xi)(\ell)}}$。本节通过 4.2 节所述修正重采样方法对 $p^{(\xi)}(\boldsymbol{x}, \ell)$进行重采样。

航迹假设修剪主要包括以下两步：

(1) 将概率 $\omega^{(I,\xi)}$ 低于特定阈值 $\vartheta$ 的假设$(I, \xi)$删除；

(2) 如果满足 $\omega^{(I,\xi)} \geqslant \vartheta$ 的假设$(I, \xi)$数量大于一个上限值 $H_{\max}$，则只保留权值 $\omega^{(I,\xi)}$ 最大的 $H_{\max}$个假设。

多目标状态势分布 $\tau(n)(n=1, 2, \cdots, N_{\max})$的提取公式为

$$\tau(n)=\sum_{I\subseteq\mathbb{L}}\sum_{\xi\in\Xi}\omega^{(I,\xi)}\delta(|I|-n) \tag{4-19}$$

由势分布可得势估计值为

$$\dot{N}=\underset{n}{\operatorname{argmax}}\,\tau(n) \tag{4-20}$$

根据势估计值，找出势为 $\dot{N}$ 的所有航迹假设中概率最大的假设

$$(\dot{I}, \dot{\xi})=\underset{(I,\xi)}{\operatorname{argmax}}\,\omega^{(I,\xi)}\delta(|I|-\dot{N}) \tag{4-21}$$

根据航迹假设$(\dot{I}, \dot{\xi})$，提取多目标状态集合

$$\dot{\boldsymbol{X}}=\{\dot{\boldsymbol{x}}^{(\dot{\xi})(\dot{\ell})}:\dot{\ell}\in\dot{I}\} \tag{4-22}$$

其中，状态估计值 $\dot{\boldsymbol{x}}^{(\dot{\xi})(\dot{\ell})}=m([\dot{\boldsymbol{x}}^{(\dot{\xi})(\dot{\ell})}])$，并且

$$[\dot{\boldsymbol{x}}^{(\dot{\xi})(\dot{\ell})}]=\sum_{i=1}^{J^{(\dot{\xi})(\dot{\ell})}}w_i^{(\dot{\xi})(\dot{\ell})}[\boldsymbol{x}_i^{(\dot{\xi})(\dot{\ell})}] \tag{4-23}$$

其中，函数 $m([\dot{\boldsymbol{x}}])$取$[\dot{\boldsymbol{x}}]$的中心，见式(2-61)所定义。

## 4.3.2　粒子迭代

下面介绍 PI-JGLMB 算法的主要环节，包括联合预测与更新，重采样、航迹假设修剪与状态估计值提取等。

**1. 联合预测与更新**

将 $k$ 时刻的后验 GLMB 多目标概率密度记作式(2-8)，$k+1$ 时刻新生 LMB 多目标概率密度记作式(2-9)，则 $k+1$ 时刻的后验 GLMB 多目标概率密度可记作式(2-10)。

将关联历史 $\xi$ 下的目标状态概率密度函数 $p^{(\xi)}(\boldsymbol{x}, \ell)$近似为一个加权粒子集合$\{w_i^{(\xi)(\ell)}, \boldsymbol{x}_i^{(\xi)(\ell)}\}_{i=1}^{N^{(\xi)(\ell)}}$，将 $p_{B,+}(\boldsymbol{x}, \ell)$近似为$\{w_{B,+,i}^{(\ell)}, \boldsymbol{x}_{B,+,i}^{(\ell)}\}_{i=1}^{N_{B,+}^{(\ell)}}$，将 $\bar{p}_+^{(\xi)}(\boldsymbol{x}, \ell)$近似为$\{w_{+,i}^{(\xi)(\ell)}, \boldsymbol{x}_{+,i}^{(\xi)(\ell)}\}_{i=1}^{N_+^{(\xi)(\ell)}}$，将 $p_{Z_+}^{(\xi,\theta_+(\ell))}(\boldsymbol{x}, \ell)$近似为$\{w_{Z_+,i}^{(\xi,\theta_+(\ell))}, \boldsymbol{x}_{Z_+,i}^{(\xi,\theta_+(\ell))}\}_{i=1}^{N_+^{(\xi)(\ell)}}$，根据式(2-11)～式(2-16)，可得

$$\{w_{+,i}^{(\xi)(\ell)}, \boldsymbol{x}_{+,i}^{(\xi)(\ell)}\}_{i=1}^{N_+^{(\xi)(\ell)}}=\{w_{S,i}^{(\xi)(\ell)}, \boldsymbol{x}_{S,i}^{(\xi)(\ell)}\}_{i=1}^{N^{(\xi)(\ell)}}\cup\{w_{B,+,i}^{(\ell)}, \boldsymbol{x}_{B,+,i}^{(\ell)}\}_{i=1}^{N_{B,+}^{(\ell)}} \tag{4-24}$$

$$w_{S,i}^{(\xi)(\ell)}=\frac{P_S(\boldsymbol{x}_i^{(\xi)(\ell)}, \ell)w_i^{(\xi)(\ell)}}{\bar{P}_S^{(\xi)}(\ell)} \tag{4-25}$$

$$\boldsymbol{x}_{\mathrm{S},i}^{(\xi)(\ell)}=f(\boldsymbol{x}_i^{(\xi)(\ell)})+\boldsymbol{u}_i \tag{4-26}$$

$$\bar{P}_{\mathrm{S}}^{(\xi)}(\ell)=\sum_{i=1}^{N^{(\xi)(\ell)}}P_{\mathrm{S}}(\boldsymbol{x}_i^{(\xi)(\ell)},\ell)w_i^{(\xi)(\ell)} \tag{4-27}$$

$$w_{Z_{+},i}^{(\xi,\theta_{+}(\ell))}=\frac{w_{+,i}^{(\xi)(\ell)}\psi_{Z_{+}}^{(\theta_{+}(\ell))}(\boldsymbol{x}_{+,i}^{(\xi)(\ell)},\ell)}{\bar{\psi}_{Z_{+}}^{(\xi,\theta_{+}(\ell))}(\ell)} \tag{4-28}$$

$$\boldsymbol{x}_{Z_{+},i}^{(\xi,\theta_{+}(\ell))}=\boldsymbol{x}_{+,i}^{(\xi)(\ell)} \tag{4-29}$$

$$\bar{\psi}_{Z_{+}}^{(\xi,\theta_{+}(\ell))}(\ell)=\sum_{i=1}^{N_{+}^{(\xi)(\ell)}}w_{+,i}^{(\xi)(\ell)}\psi_{Z_{+}}^{(\theta_{+}(\ell))}(\boldsymbol{x}_{+,i}^{(\xi)(\ell)},\ell) \tag{4-30}$$

$$\psi_{Z_{+}}^{(j)}(\boldsymbol{x}_{+,i}^{(\xi)(\ell)},\ell)=\begin{cases}\dfrac{g([\boldsymbol{z}_j]\mid\boldsymbol{x}_{+,i}^{(\xi)(\ell)},\ell)P_{\mathrm{d}}(x_{+,i}^{(\xi)(\ell)},\ell)}{\kappa([\boldsymbol{z}_j])}, & j=\theta_{+}(\ell)>0\\ 1-P_{\mathrm{d}}(\boldsymbol{x}_{+,i}^{(\xi)(\ell)},\ell), & j=\theta_{+}(\ell)=0\end{cases} \tag{4-31}$$

式中，$f(\boldsymbol{x})$为单目标状态转移函数，$\boldsymbol{u}_i$ 为随机产生的过程噪声，$g([\boldsymbol{z}_j]\mid\boldsymbol{x}_{+,i}^{(\xi)(\ell)},\ell)$是给定点粒子 $\boldsymbol{x}_{+,i}^{(\xi)(\ell)}$ 条件下区间量测$[\boldsymbol{z}_j]$的似然函数[229]，其计算公式为

$$g([\boldsymbol{z}_j]\mid\boldsymbol{x}_{+,i}^{(\xi)(\ell)},\ell)=\varphi(h(x_{+,i}^{(\xi)(\ell)});\underline{\boldsymbol{z}_j},\boldsymbol{R})-\varphi(h(\boldsymbol{x}_{+,i}^{(\xi)(\ell)});\overline{\boldsymbol{z}_j},\boldsymbol{R}) \tag{4-32}$$

式中，$h(\boldsymbol{x})$为量测函数，$\varphi(\boldsymbol{x};\boldsymbol{\mu},\boldsymbol{\Sigma})$表示均值为 $\boldsymbol{\mu}$、协方差为 $\boldsymbol{\Sigma}$ 的高斯累积分布函数，$\underline{\boldsymbol{z}_j}$、$\overline{\boldsymbol{z}_j}$分别表示区间量测$[\boldsymbol{z}_j]$的下限与上限。

**2. 重采样、航迹假设修剪与状态估计值提取**

将后验 GLMB 多目标概率密度记作式(2-8)。将 $p^{(\xi)}(\boldsymbol{x},\ell)$，$\ell\in\mathbb{L}$，$\xi\in\Xi$，近似为加权粒子集合$\{w_i^{(\xi)(\ell)},\boldsymbol{x}_i^{(\xi)(\ell)}\}_{i=1}^{N^{(\xi)(\ell)}}$。对 $p^{(\xi)}(\boldsymbol{x},\ell)$重采样的方法与 3.3.2 节的方法相同。航迹假设修剪过程与 4.3.1 节相同。

状态估计值提取可以先根据式(4-19)提取多目标势分布 $\tau(n)$，再由式(4-20)提取势估计值 $\dot{N}$，并通过式(4-21)找出势为 $\dot{N}$ 的概率最大的假设$(\dot{I},\dot{\xi})$，从而得到多目标状态集合 $\dot{X}=\{\dot{\boldsymbol{x}}^{(\dot{\xi})(\dot{\ell})}:\dot{\ell}\in\dot{I}\}$，不同的是，集合中$\dot{\boldsymbol{x}}^{(\dot{\xi})(\dot{\ell})}$的计算公式为

$$\dot{\boldsymbol{x}}^{(\dot{\xi})(\dot{\ell})}=\sum_{i=1}^{N^{(\dot{\xi})(\dot{\ell})}}w_i^{(\dot{\xi})(\dot{\ell})}\boldsymbol{x}_i^{(\dot{\xi})(\dot{\ell})} \tag{4-33}$$

## 4.4 仿真实验与分析

本节通过仿真实验对上述方法进行验证，并对实验结果进行分析。仿真实

验结果为 100 次蒙特卡罗实验的平均结果。仿真环境以及计算机配置与 3.4 节相同。多目标跟踪方法性能的评价指标主要包括势估计均值与标准差、包含值、体积值、OSPA 距离等。

**1. 场景描述**

本实验场景与 3.4.1 节非线性场景相似。传感器仅有一个，且位于原点，它可能漏检目标或产生虚警。场景中最多出现 6 个目标，它们可能新生或消亡。量测向量由距离与方位角构成。各目标真实航迹的起始状态、新生时刻、消亡时刻如表 4.1 所示。目标状态向量 $\boldsymbol{x}_k=(\tilde{\boldsymbol{x}}_k^{\mathrm{T}},\ \omega_k)^{\mathrm{T}}$ 由位置速度向量 $\tilde{\boldsymbol{x}}_k=(p_{x,k},\ \dot{p}_{x,k},\ p_{y,k},\ \dot{p}_{y,k})^{\mathrm{T}}$ 以及转弯角速度 $\omega_k$ 构成。

**表 4.1　目标的真实航迹起始状态、新生时刻、消亡时刻**

| 航迹 | 起始状态 | 新生时刻 | 消亡时刻 |
|---|---|---|---|
| 目标 1 | $(0,\ 0,\ 1000,\ 10,\ \pi/180)^{\mathrm{T}}$ | 1 | 100 |
| 目标 2 | $(0,\ 0,\ 1000,\ -10,\ \pi/270)^{\mathrm{T}}$ | 2 | 100 |
| 目标 3 | $(0,\ 10,\ 1000,\ 0,\ \pi/720)^{\mathrm{T}}$ | 3 | 100 |
| 目标 4 | $(0,\ -10,\ 1000,\ 0,\ \pi/360)^{\mathrm{T}}$ | 4 | 100 |
| 目标 5 | $(-1000,\ 5,\ 1400,\ -18,\ 0)^{\mathrm{T}}$ | 10 | 80 |
| 目标 6 | $(1200,\ -30,\ 250,\ 20,\ \pi/180)^{\mathrm{T}}$ | 20 | 90 |

目标运动服从变速转弯模型。从起始状态开始，每时刻目标转弯角速度都是随机变化的，因此每次蒙特卡罗仿真产生的真实航迹都是不同的。此处仅给出某次蒙特卡罗仿真中产生的目标真实航迹，如图 4.1 所示。其中，○表示航迹起点，△示航迹终点，不同航迹用不同颜色和标志符号表示。

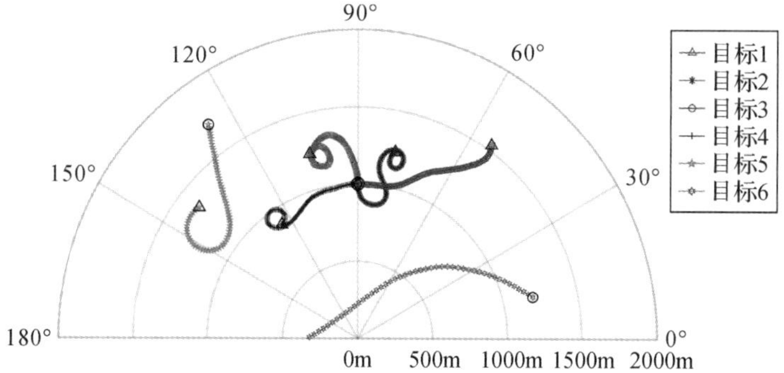


图 4.1　目标真实航迹

本节中粒子滤波、箱粒子滤波的状态转移模型与3.4.1节的状态转移模型相同，可由式(3-40)～式(3-45)描述。状态转移模型参数 $T_S$、$\sigma_u$、$\sigma_{\bar{\omega}}$的数值如表4.2所示。

**表 4.2 状态转移模型与量测模型参数**

| 参数 | 数值 | 单位 |
|---|---|---|
| $T_s$ | 1 | s |
| $\sigma_u$ | 5 | m/s$^2$ |
| $\sigma_{\bar{\omega}}$ | π/180 | rad/s |
| $\sigma_\theta$ | π/600 | rad |
| $\sigma_r$ | 10 | m |
| $\Delta\theta$ | π/90 | rad |
| $\Delta r$ | 50 | m |

量测 $\boldsymbol{z}_k$、区间量测$[\boldsymbol{z}_k]$、杂波强度函数 $\kappa_k(\boldsymbol{z})$、传感器检测概率函数 $P_d(x_k)$、新生过程 $\pi_{B,+}$等可由式(3-46)～式(3-50)描述，其中，量测参数 $\sigma_\theta$、$\sigma_r$、$\Delta\theta$、$\Delta r$ 的数值如表4.2所示，杂波密度 $\lambda_c=1.6\times10^{-3}(\text{rad}\cdot\text{m})^{-1}$(非线性场景下)，新生过程参数与3.4.1节相同，见表3.3。目标存活概率 $P_S(\boldsymbol{x}_k)=0.99$。

GLMB多目标概率密度函数中权值低于阈值 $\tau=10^{-5}$ 的航迹假设将被剔除，航迹假设个数的上限为 $H_{\max}=300$。对于4.2节箱粒子重采样过程的第二步，目标位置与速度向量$[\tilde{\boldsymbol{x}}_k^{\mathrm{T}}]$的箱分辨率向量[236]设置为$\boldsymbol{\varrho}=(200, 120, 200, 120)^{\mathrm{T}}$。假设已知目标速度在[−60, 60]m/s的范围内变化，针对目标位置速度向量$[\tilde{\boldsymbol{x}}_k]$的约束传播算法如表3.4所示。

**2. 实验结果与分析**

将采用常规重采样方法的箱粒子JGLMB记作BPI-JGLMB，将采用修正重采样方法的箱粒子JGLMB记作IBPI-JGLMB。BPI-JGLMB常规重采样箱粒子数为 $N_b=40$，IBI-JGLMB修正重采样第一步的箱粒子数为 $N_{b'}=10$，这样二者的单次运行时间十分接近，其性能对比就更显公平。各跟踪算法平均运行时间如表4.3所示。

**表 4.3　不同滤波方法的平均运行时间**

| 跟踪算法 | 运行时间/s |
|---|---|
| BPI-JGLMB | 9.92 |
| IBPI-JGLMB | 11.19 |
| PI-JGLMB($J=1000$) | 10.09 |
| PI-JGLMB($J=2000$) | 17.62 |
| PI-JGLMB($J=5000$) | 51.20 |

图 4.2 和图 4.3 给出了 IBPI-JGLMB 算法的单次运行结果。图 4.2 中灰色方框代表目标量测或杂波量测，不同颜色和标志的符号代表不同目标的状态估计值。从这两幅图可以看出，所有目标在大多数时刻的状态估计值都是精确的，个别目标在个别时刻状态估计值偏差较大。同时，在目标航迹交会时，没有出现航迹标签错误分配的问题。

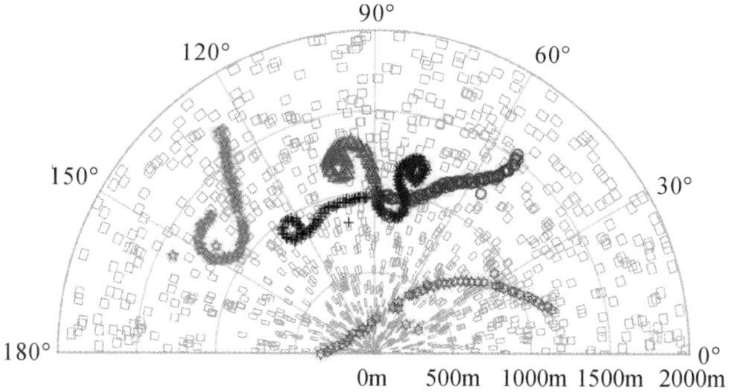


图 4.2　IBPI-JGLMB 单次运行结果在极坐标系中示意图

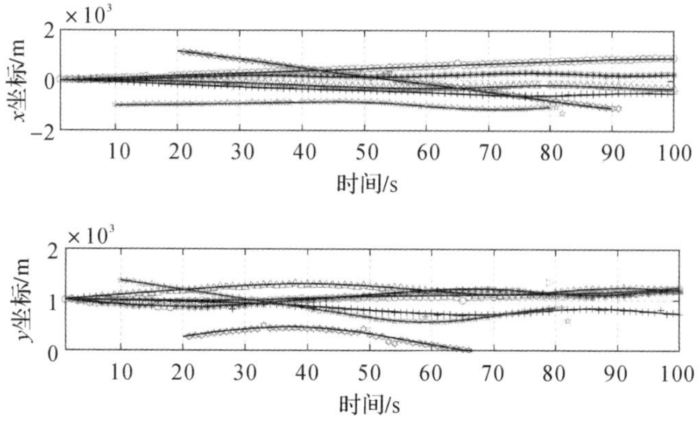


图 4.3　IBPI-JGLMB 单次运行结果在 $x$、$y$ 方向示意图

图 4.4 比较了 IBPI-JGLMB 与 BPI-JGLMB 的势估计性能。可以看出，IBPI-JGLMB 所给出的势估计均值在大多数时刻都是准确的。然而，BPI-JGLMB 仅在 1～20 s 之间给出了准确的势估计均值，在其余时刻则出现了势低估现象。这是因为：

(1) 在预测过程中，状态转移后的箱粒子与区间形式的过程噪声相加之后(参考式(3-44))，箱粒子各维度上的区间宽度增大。

(2) 在更新过程中，由于量测没有速度分量与角速度分量，因此不能对目标状态的速度分量与角速度分量施加约束，换言之，目标速度不是在量测约束下收缩的，而是在先验速度范围约束下收缩的，角速度则无法收缩。

(3) 在若干次跟踪迭代之后，由于 BPI-JGLMB 没有箱粒子再分割的步骤，因此它所传播的箱粒子的速度区间会不断增大，直到把整个先验速度范围都包含在内。同时，由于先验速度范围变成箱粒子速度区间的子集，因而箱粒子速度区间收缩的结果必然是先验速度范围，也就是本节仿真所设置的[−60，60] m/s。

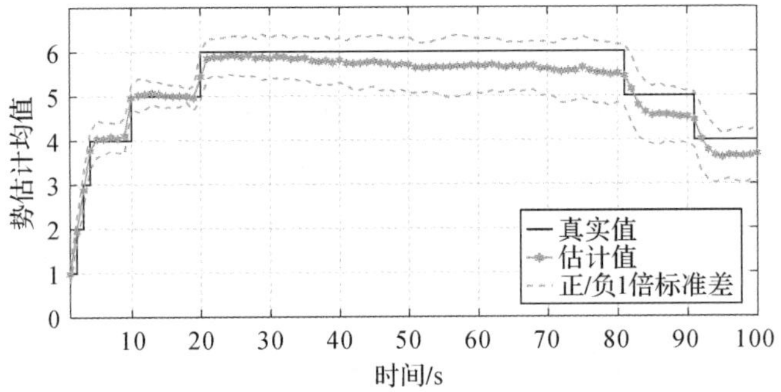


(a) BPI-JGLMB

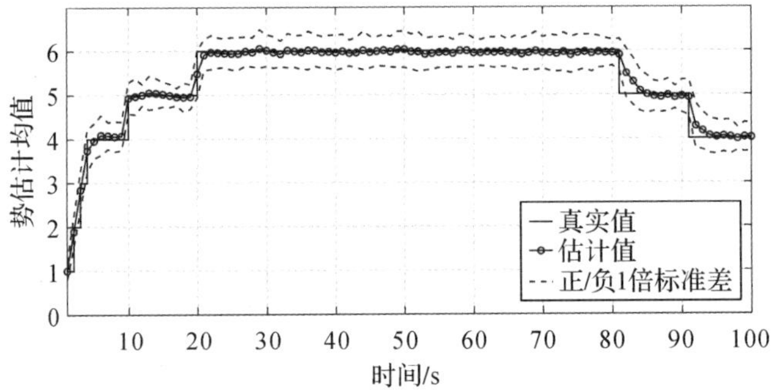


(b) IBPI-JGLMB

图 4.4 势估计均值与标准差(BPI-JGLMB 对比 IBPI-JGLMB)

（4）由于点估计值是通过取箱粒子的中心点得到的，因此上述过程产生的速度将被错估为 0。正是 BPI-JGLMB 对速度的错估，导致了它对目标数的错估。

图 4.5 给出了 IBPI-JGLMB 与 PI-JGLMB 的对比结果。PI-JGLMB（$J=1000$）、PI-JGLMB（$J=2000$）、PI-JGLMB（$J=5000$）分别表示用 1000、2000、5000 个粒子近似目标状态概率密度函数的 PI-JGLMB 算法。

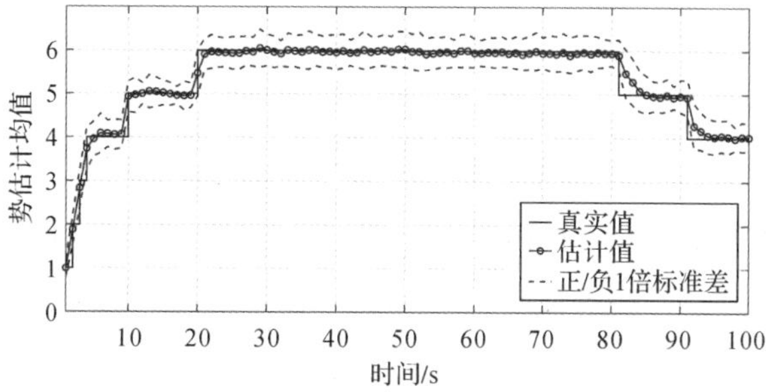


（a）IBPI-JGLMB

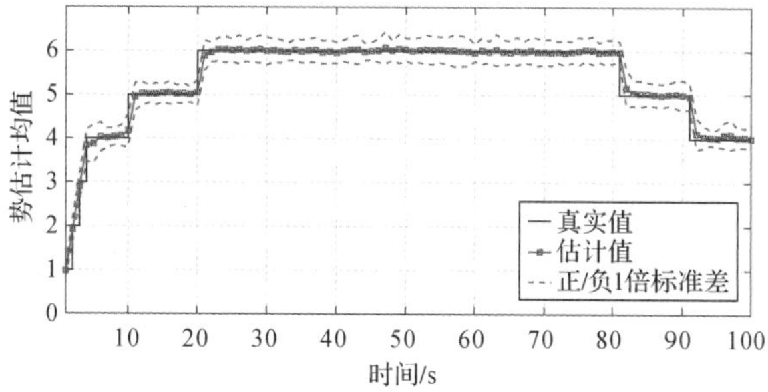


（b）PI-JGLMB（$J=1000$）

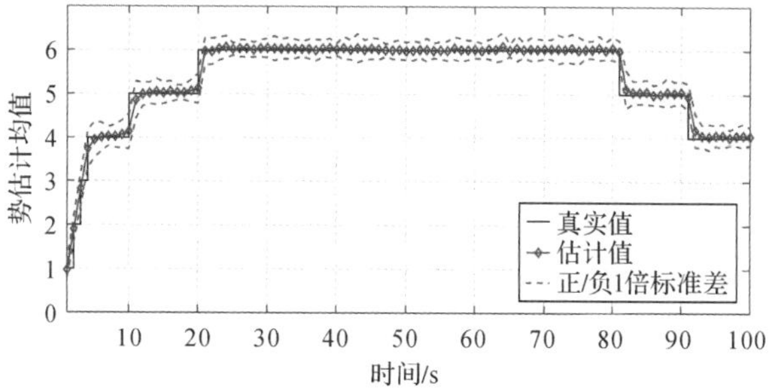


（c）PI-JGLMB（$J=2000$）

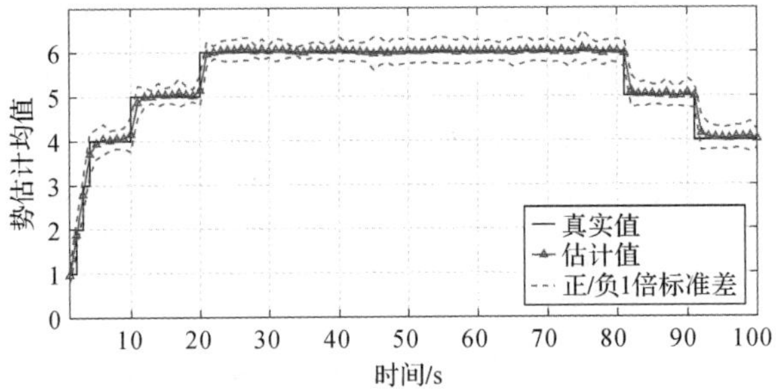


(d) PI-JGLMB($J=5000$)

图 4.5 势估计均值与标准差(IBPI-JGLMB 与 PI-JGLMB 对比)

由图 4.5 可以看出，IBPI-JGLMB 所估计的目标数均值与 PI-JGLMB 一样都是准确的，但是其波动范围比 PI-JGLMB 的略大。IBPI-JGLMB 算法对目标消亡的反应速度与 PI-JGLMB 算法相比存在一到两个时刻的延迟。

图 4.6 与图 4.7 对比了各种算法的包含值与体积值。可以看出，IBPI-JGLMB 的包含值普遍低于 BPI-JGLMB 的包含值，且前者的体积值远小于后者的体积值。这是因为 IBPI-JGLMB 的重采样具有箱粒子再分割过程，致使 IBPI-JGLMB 所生成的箱粒子在尺寸上小于 BPI-JGLMB 所生成的箱粒子。更小的箱粒子(其极限就是点粒子)导向更低的包含值与体积值。IBPI-JGLMB 的包含值总体上大于所有 PI-JGLMB，体积值也略微大于后者。经统计，IBPI-JGLMB 的包含值比 PI-JGLMB 分别取 $J=1000$、2000、5000 时的包含值平均分别高出 95.1%、44.9%和 15.3%。更高的包含值表明有更多真实目标状态包含在估计的后验状态概率密度函数的支撑集内。事实上，最大化包含值比最小化体积值更为重要。

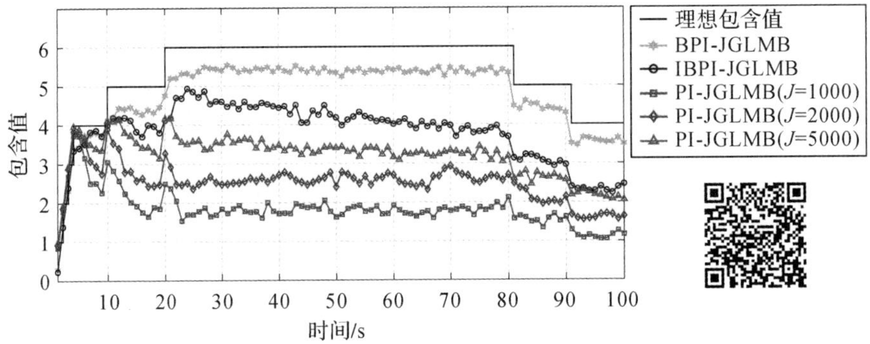


图 4.6 不同滤波方法的包含值

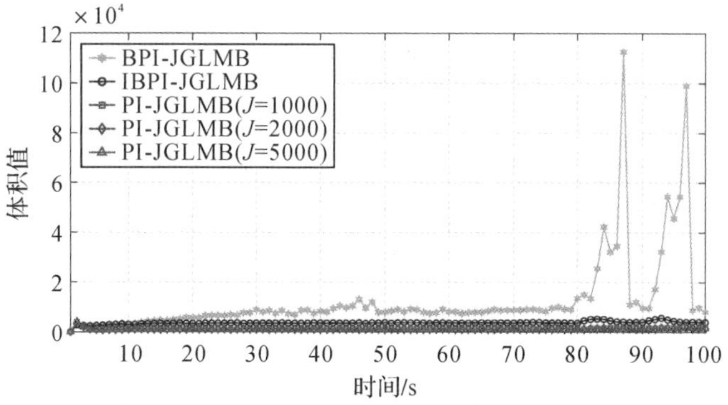


图 4.7　不同滤波方法的体积值

图 4.8 给出了各种算法的 OSPA 距离（$p=1$，$c=300$ m）。可以看出，BPI-JGLMB 的 OSPA 距离很大，IBPI-JGLMB 的 OSPA 距离略微高于 PI-JGLMB。综上所述，IBPI-JGLMB 的综合性能与 PI-JGLMB（$J=2000$）相当，而计算时间只是后者的 63%。

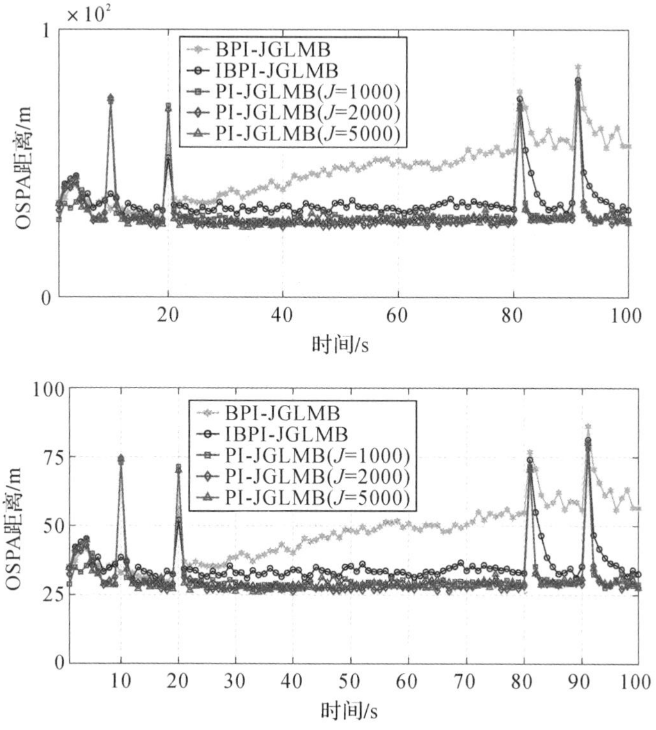


图 4.8　不同滤波方法的 OSPA 距离

## 4.5 本章小结

本章针对区间量测下多目标跟踪问题，将箱粒子滤波作为数值计算手段应用于涉及积分运算的JGLMB滤波，介绍了BPI-JGLMB算法。当目标状态向量中包含未测量的元素时，常规的箱粒子滤波重采样方法可能引起势估计不准确的问题。针对该问题，本章介绍了修正的箱粒子重采样方法。本章所述方法以箱分辨率向量为尺度衡量箱粒子各维度的不确定性，选择不确定性最大的维度分割箱粒子，并在常规分割步骤后增加二次分割步骤，将重采样后的箱粒子尺寸约束在箱分辨率向量所规定的大小以内。仿真实验结果表明，在变速转弯场景中，采用常规重采样方法的BPI-JGLMB算法严重低估目标数目，而采用修正重采样方法的BPI-JGLMB算法能够准确估计目标数目。对比BPI-JGLMB算法与PI-JGLMB算法，证明了BPI-JGLMB比PI-JGLMB更加高效。

# 第5章　多传感器箱粒子联合预测与更新广义标签多伯努利滤波

## 5.1 引　言

近年来，涌现了一批基于 RFS 滤波和箱粒子滤波的多目标跟踪方法[139, 209, 229, 237]。这些方法具有良好的跟踪性能与较轻的计算负担，但其只适用于区间量测下的单传感器多目标跟踪。针对多个传感器同时得到区间量测的情况，需要寻找新的解决途径。因此，本章介绍如何将箱粒子滤波用作数值计算方法以实现多传感器联合预测与更新广义标签多伯努利(Multi-Sensor Joint Prediction and Update Generalized Labeled Multi-Bernoulli，MS-JGLMB)滤波。MS-JGLMB 滤波是联合预测与更新广义标签多伯努利(JGLMB)滤波针对多传感器问题的推广形式，所采用的多目标量测模型能够较好地描述多传感器量测的统计特点。单传感器的 JGLMB 滤波具有较轻的计算负担，然而当传感器数量增加时，对应的 MS-JGLMB 滤波运算负担较重。如果再使用需要大量采样点的粒子滤波来实现 MS-JGLMB 多目标跟踪，则很难保证系统的实时性。由前面的章节可以看出，计算负担较轻的箱粒子滤波更适合作为 MS-JGLMB 滤波的数值计算方法。而多传感器箱粒子滤波的主要难点，是如何解决箱粒子在多传感器量测集合约束下收缩的问题。

本章针对多个传感器具有区间量测的问题，介绍了多传感器箱粒子迭代收缩算法。该方法将各传感器量测集合轮流作用于箱粒子，如果一个箱粒子在当前传感器量测集合的约束下收缩，那么它收缩后所产生的箱粒子变体，将成为下一个传感器量测集合施加约束的对象而继续收缩，直至遍历所有传感器量测集合。需要说明的是，本章所述方法中多传感器在迭代过程中的顺序是随机的。基于所述理论，本章还介绍了箱粒子实现的 MS-JGLMB(Box Particle Implementation of MS-JGLMB，BPI-MS-JGLMB) 滤波，并给出了与之对应的粒子实现 MS-JGLMB(Particle Implementation of MS-JGLMB，PI-MS-JGLMB) 滤波。仿真实验结果表明，BPI-MS-JGLMB 算法具有可靠的性能与较轻的计算负担。

## 5.2 多传感器联合预测与更新广义标签多伯努利滤波的实现

本节介绍 MS-JGLMB 滤波的两种实现：一种是箱粒子迭代实现，即 BPI-MS-JGLMB 算法；另一种是与 BPI-MS-JGLMB 相对应的粒子迭代实现，即 PI-MS-JGLMB 算法。这两种方法均服从 3.3 节的假设 A.1，以及如下假设：场景中有多个传感器，每个传感器的量测都是有偏差的区间量测$[\boldsymbol{z}]\in\mathbb{IZ}$。

### 5.2.1 箱粒子迭代

下面介绍 BPI-MS-JGLMB 算法的主要环节，包括联合预测与更新，重采样、航迹假设修剪与状态估计值提取等。

**1. 联合预测与更新**

MS-JGLMB 滤波与 JGLMB 滤波具有相同的广义标签多伯努利(GLMB)多目标概率密度形式。将 $k$ 时刻的后验 GLMB 多目标概率密度记作式(2－8)，$k+1$ 时刻新生 LMB 多目标概率密度记作式(2－9)，则 $k+1$ 时刻的后验 GLMB 多目标概率密度可记作式(2－10)。

将关联历史 $\xi$ 下的目标状态概率密度函数 $p^{(\xi)}(\boldsymbol{x},\ell)$ 近似为一个加权箱粒子集合$\{w_i^{(\xi)(\ell)},[\boldsymbol{x}_i^{(\xi)(\ell)}]\}_{i=1}^{N^{(\xi)(\ell)}}$，将新生目标状态概率密度函数 $p_{B,+}(\boldsymbol{x},\ell)$ 近似为$\{w_{B,+,i}^{(\ell)},[\boldsymbol{x}_{B,+,i}^{(\ell)}]\}_{i=1}^{N_{B,+}^{(\ell)}}$。将预测的目标状态概率密度函数 $\bar{p}_+^{(\xi)}(\boldsymbol{x},\ell)$ 近似为$\{w_{+,i}^{(\xi)(\ell)},[\boldsymbol{x}_{+,i}^{(\xi)(\ell)}]\}_{i=1}^{N_+^{(\xi)(\ell)}}$，再将更新的目标状态概率密度函数 $p_{Z_+}^{(\xi,\theta_+(\ell))}(\boldsymbol{x},\ell)$ 近似为$\{w_{Z_{+},i}^{(\xi,\theta_+(\ell))},[\boldsymbol{x}_{Z_{+},i}^{(\xi,\theta_+(\ell))}]\}_{i=1}^{N_+^{(\xi)(\ell)}}$，则

$$\{w_{+,i}^{(\xi)(\ell)},[\boldsymbol{x}_{+,i}^{(\xi)(\ell)}]\}_{i=1}^{N_+^{(\xi)(\ell)}}=\{w_{S,i}^{(\xi)(\ell)},[\boldsymbol{x}_{S,i}^{(\xi)(\ell)}]\}_{i=1}^{N^{(\xi)(\ell)}}\cup\{w_{B,+,i}^{(\ell)},[\boldsymbol{x}_{B,+,i}^{(\ell)}]\}_{i=1}^{N_{B,+}^{(\ell)}} \tag{5-1}$$

其中，$w_{\mathrm{S},i}^{(\xi)(\ell)}$、$[\boldsymbol{x}_{\mathrm{S},i}^{(\xi)(\ell)}]$、$w_{Z_{+},i}^{(\xi,\theta_{+}(\ell))}$、$[\boldsymbol{x}_{Z_{+},i}^{(\xi,\theta_{+}(\ell))}]$的计算公式分别与式(4-11)、式(4-12)、式(4-14)、式(4-15)相同。

实现BPI-MS-JGLMB滤波的关键点之一，就是计算如式(2-30)所示的多传感器量测更新系数$\psi_{Z_{+}}^{(j^{(1:S)})}(\boldsymbol{x},\ell)$。该系数是单传感器量测更新系数$\psi_{Z_{+}^{(s)}}^{(s,j^{(s)})}(\boldsymbol{x},\ell)(s=1,2,\cdots,S)$的乘积，$\psi_{Z_{+}^{(s)}}^{(s,j^{(s)})}(\boldsymbol{x},\ell)$如式(2-29)所示。在一个给定的箱粒子$[\boldsymbol{x}]$处，式(2-29)可转化为如下形式：

$$\psi_{Z_{+}^{(s)}}^{(s,j^{(s)})}([\boldsymbol{x}],\ell)=\begin{cases}\dfrac{P_{\mathrm{d}}^{(s)}([\boldsymbol{x}],\ell)g^{(s)}([\boldsymbol{z}_{j^{(s)}}^{(s)}]\mid[\boldsymbol{x}],\ell)}{\kappa^{(s)}([\boldsymbol{z}_{j^{(s)}}^{(s)}])}, & j^{(s)}=1,2,\cdots,|Z_{+}^{(s)}|\\ 1-P_{\mathrm{d}}^{(s)}([\boldsymbol{x}],\ell), & j^{(s)}=0\end{cases}\tag{5-2}$$

$$g^{(s)}([\boldsymbol{z}_{j^{(s)}}^{(s)}]\mid[\boldsymbol{x}],\ell)=\frac{\|[h_{\mathrm{CP}}]([\boldsymbol{x}],[\boldsymbol{z}_{j^{(s)}}^{(s)}])\|}{\|[\boldsymbol{x}]\|}\tag{5-3}$$

式中，$[\boldsymbol{x}]$在$[\boldsymbol{z}_{j^{(s)}}^{(s)}]$的约束下收缩而产生箱粒子变体$[h_{\mathrm{CP}}]([\boldsymbol{x}],[\boldsymbol{z}_{j^{(s)}}^{(s)}])$。箱粒子$[\boldsymbol{x}]$每经过一个传感器量测集合$Z_{+}^{(s)}=\{[\boldsymbol{z}_{1}^{(s)}],[\boldsymbol{z}_{2}^{(s)}],\cdots,[\boldsymbol{z}_{M^{(s)}}^{(s)}]\}$，就会收缩而产生$M^{(s)}$个变体，这导致单传感器量测更新系数$\psi_{Z_{+}^{(s)}}^{(s,j^{(s)})}(\boldsymbol{x},\ell)$不能在同一个箱粒子$[\boldsymbol{x}]$处求值。

例如：

当$s=1$时，计算$\psi_{Z_{+}^{(1)}}^{(1,j^{(1)})}([\boldsymbol{x}],\ell)$之后，箱粒子$[\boldsymbol{x}]$在量测$[\boldsymbol{z}_{j^{(1)}}^{(1)}]$的约束下收缩，将其所产生的变体记作$[\boldsymbol{x}^{(j^{(1)})}]$。箱粒子$[\boldsymbol{x}^{(j^{(1)})}]$可以看作根据$[\boldsymbol{z}_{j^{(1)}}^{(1)}]$所提供的信息对$[\boldsymbol{x}]$作修正的结果。

当$s=2$时，计算$\psi_{Z_{+}^{(2)}}^{(2,j^{(2)})}([\boldsymbol{x}^{(j^{(1)})}],\ell)$，需要注意的是，此时是在$[\boldsymbol{x}^{(j^{(1)})}]$处求值而不是在$[\boldsymbol{x}]$处求值。计算完$\psi_{Z_{+}^{(2)}}^{(2,j^{(2)})}([\boldsymbol{x}^{(j^{(1)})}],\ell)$，$[\boldsymbol{x}^{(j^{(1)})}]$在量测$[\boldsymbol{z}_{j^{(2)}}^{(2)}]$的约束下收缩形成$[\boldsymbol{x}^{(j^{(1:2)})}]$。

当$s=3$时，计算$\psi_{Z_{+}^{(3)}}^{(3,j^{(3)})}([\boldsymbol{x}^{(j^{(1:2)})}],\ell)$，当$s=4$，计算$\psi_{Z_{+}^{(4)}}^{(4,j^{(4)})}([\boldsymbol{x}^{(j^{(1:3)})}],\ell)$，……，如此迭代下去，直至所有传感器量测集合都处理完毕。

下面总结上述过程，介绍多传感器箱粒子迭代收缩算法。将式(2-14)中预测的目标状态概率密度函数$\bar{p}_{+}^{(\xi)}(\boldsymbol{x},\ell)$近似为加权箱粒子集合$\{w_i,[\boldsymbol{x}_i]\}_{i=1}^{N}$。

利用区间量测集合 $Z_+ \stackrel{\text{def}}{=} Z_+^{(1:S)}$ 更新 $\bar{p}_+^{(\xi)}(\boldsymbol{x}, \ell)$。对任意一个箱粒子 $[\boldsymbol{x}] \in \{w_i, [\boldsymbol{x}_i]\}_{i=1}^N$，式(2-30)可通过以下公式计算：

$$\psi_{Z_+}^{(j^{(1:S)})}([\boldsymbol{x}], \ell) = \prod_{s=1}^{S} \psi_{Z_+^{(s)}}^{(s, j^{(s)})}([\boldsymbol{x}^{(j^{(1:s-1)})}], \ell) \tag{5-4}$$

式中，

$$\psi_{Z_+^{(s)}}^{(s, j^{(s)})}([\boldsymbol{x}^{(j^{(1:s-1)})}], \ell) = \begin{cases} \dfrac{P_{\mathrm{d}}^{(s)}([\boldsymbol{x}^{(j^{(1:s-1)})}])g([\boldsymbol{z}_{j^{(s)}}^{(s)}] \mid [\boldsymbol{x}^{(j^{(1:s-1)})}])}{\kappa([\boldsymbol{z}_{j^{(s)}}^{(s)}])}, & j^{(s)} > 0 \\ 1 - P_{\mathrm{d}}^{(s)}([\boldsymbol{x}^{(j^{(1:s-1)})}]), & j^{(s)} = 0 \end{cases} \tag{5-5}$$

$$[\boldsymbol{x}^{(j^{(1:s)})}] = \begin{cases} [h_{\mathrm{CP}}]([\boldsymbol{x}^{(j^{(1:s-1)})}], [\boldsymbol{z}_{j^{(s)}}^{(s)}]), & j^{(s)} > 0 \\ [\boldsymbol{x}^{(j^{(1:s-1)})}], & j^{(s)} = 0 \end{cases} \tag{5-6}$$

$$g([\boldsymbol{z}_{j^{(s)}}^{(s)}] \mid [\boldsymbol{x}^{(j^{(1:s-1)})}]) = \frac{\|[h_{\mathrm{CP}}]([\boldsymbol{x}^{(j^{(1:s-1)})}], [\boldsymbol{z}_{j^{(s)}}^{(s)}])\|}{\|[\boldsymbol{x}^{(j^{(1:s-1)})}]\|} \tag{5-7}$$

其中，箱粒子 $[\boldsymbol{x}^{(j^{(1:s)})}]$ 表示 $[\boldsymbol{x}]$ 依次受 $\{[\boldsymbol{z}_{j^{(1)}}^{(1)}], [\boldsymbol{z}_{j^{(2)}}^{(2)}], \cdots, [\boldsymbol{z}_{j^{(s)}}^{(s)}]\}$ 约束而迭代收缩形成的变体。因为 $j^{(s)}$ 的取值范围是 $\{0, 1, \cdots, M^{(s)}\}$，数列 $j^{(1:s)} \stackrel{\text{def}}{=} (j^{(1)}, j^{(2)}, \cdots, j^{(s)})$ 总共包含 $\prod_{i=1}^{s}(1 + M^{(i)})$ 种可能的组合。$\psi_{Z_+}^{(j^{(1:S)})}([\boldsymbol{x}], \ell)$ 的计算过程如图 5.1 所示。

| 输入：$[\boldsymbol{x}] \in \{w_i, [\boldsymbol{x}_i]\}_{i=1}^N$，$Z_+^{(1)}$，$Z_+^{(2)}$，…，$Z_+^{(S)}$ |
| --- |
| 初始化 $[\boldsymbol{x}^{(j^{(1:0)})}] = [\boldsymbol{x}]$<br>for $s = 1:S$<br>　根据式(5-6)为下轮迭代计算 $[\boldsymbol{x}^{(j^{(1:s)})}]$<br>　根据式(5-7)计算 $g([\boldsymbol{z}_{j^{(s)}}^{(s)}] \mid [\boldsymbol{x}^{(j^{(1:s-1)})}])$<br>　根据式(5-5)计算 $\psi_{Z_+^{(s)}}^{(s, j^{(s)})}([\boldsymbol{x}^{(j^{(1:s-1)})}], \ell)$<br>end<br>根据式(5-4)，计算 $\psi_{Z_+}^{(j^{(1:S)})}([\boldsymbol{x}], \ell)$ |
| 输出：$\psi_{Z_+}^{(j^{(1:S)})}([\boldsymbol{x}], \ell)$，$[\boldsymbol{x}^{(j^{(1:S)})}]$ |

图 5.1　多传感器区间量测更新系数 $\psi_{Z_+}^{(j^{(1:S)})}([\boldsymbol{x}], \ell)$ 的计算过程

针对近似 $\bar{p}_{+}^{(\xi)}(\boldsymbol{x},\ell)$的$\{w_i,[\boldsymbol{x}_i]\}_{i=1}^{N}$，根据式(5-4)计算各箱粒子处的量测更新系数 $\psi_{Z_+}^{(j^{(1:S)})}([\boldsymbol{x}_i],\ell)(i=1,2,\cdots,N)$，然后根据式(2-13)计算平均量测更新系数 $\bar{\psi}_{Z_+}^{(\xi,j^{(1:S)})}(\ell)$如下：

$$\bar{\psi}_{Z_+}^{(\xi,j^{(1:S)})}(\ell)=\sum_{i=1}^{N}w_i\psi_{Z_+}^{(j^{(1:S)})}([\boldsymbol{x}_i],\ell) \tag{5-8}$$

**2. 重采样、航迹假设修剪与状态估计值提取**

本节算法的箱粒子重采样方法与 3.3.1 节 BPI-LMB 算法相同。航迹假设修剪与状态估计值提取方法与 4.3.1 节箱粒子实现 JGLMB BPI-JGLMB 算法相同。

## 5.2.2 粒子迭代

下面介绍 PI-MS-JGLMB 算法的主要环节，包括联合预测与更新，重采样、航迹假设修剪与状态估计值提取等。

**1. 联合预测与更新**

将 $k$ 时刻的后验 GLMB 多目标概率密度记作式(2-8)，$k+1$ 时刻新生 LMB 多目标概率密度记作式(2-9)，则 $k+1$ 时刻的后验 GLMB 多目标概率密度可记作式(2-10)。

将关联历史 $\xi$ 下的目标状态概率密度函数 $p^{(\xi)}(\boldsymbol{x},\ell)$近似为一个加权粒子集合$\{w_i^{(\xi)(\ell)},\boldsymbol{x}_i^{(\xi)(\ell)}\}_{i=1}^{N^{(\xi)(\ell)}}$，将 $p_{B,+}(\boldsymbol{x},\ell)$近似为$\{w_{B,+,i}^{(\ell)},\boldsymbol{x}_{B,+,i}^{(\ell)}\}_{i=1}^{N_{B,+}^{(\ell)}}$，将 $\bar{p}_{+}^{(\xi)}(\boldsymbol{x},\ell)$近似为$\{w_{+,i}^{(\xi)(\ell)},\boldsymbol{x}_{+,i}^{(\xi)(\ell)}\}_{i=1}^{N_{+}^{(\xi)(\ell)}}$，将 $p_{Z_+}^{(\xi,\theta_+(\ell))}(\boldsymbol{x},\ell)$近似为$\{w_{Z_+,i}^{(\xi,\theta_+(\ell))},\boldsymbol{x}_{Z_+,i}^{(\xi,\theta_+(\ell))}\}_{i=1}^{N_{+}^{(\xi)(\ell)}}$，则

$$\{w_{+,i}^{(\xi)(\ell)},\boldsymbol{x}_{+,i}^{(\xi)(\ell)}\}_{i=1}^{N_{+}^{(\xi)(\ell)}}=\{w_{S,i}^{(\xi)(\ell)},\boldsymbol{x}_{S,i}^{(\xi)(\ell)}\}_{i=1}^{N(\xi)(\ell)}\cup\{w_{B,+,i}^{(\ell)},\boldsymbol{x}_{B,+,i}^{(\ell)}\}_{i=1}^{N_{B,+}^{(\ell)}} \tag{5-9}$$

其中，$w_{S,i}^{(\xi)(\ell)}$、$\boldsymbol{x}_{S,i}^{(\xi)(\ell)}$、$w_{Z_+,i}^{(\xi,\theta_+(\ell))}$、$\boldsymbol{x}_{Z_+,i}^{(\xi,\theta_+(\ell))}$的计算公式分别与式(4-25)、式(4-26)、式(4-28)、式(4-29)相同。

对于任意一个 $\boldsymbol{x}\in\{w_{+,i}^{(\xi)(\ell)},\boldsymbol{x}_{+,i}^{(\xi)(\ell)}\}_{i=1}^{N_{+}^{(\xi)(\ell)}}$，根据式(2-29)，单传感器量测更新系数 $\psi_{Z_+^{(s)}}^{(s,j^{(s)})}(\boldsymbol{x},\ell)$的计算公式为

$$\psi_{Z_+^{(s)}}^{(s,\, j^{(s)})}(\boldsymbol{x},\, \ell) = \begin{cases} \dfrac{P_{\mathrm{d}}^{(s)}(\boldsymbol{x},\, \ell) g^{(s)}([\boldsymbol{z}_{j^{(s)}}^{(s)}] \mid \boldsymbol{x},\, \ell)}{\kappa^{(s)}([\boldsymbol{z}_{j^{(s)}}^{(s)}])}, & j^{(s)} = 1,\, 2,\, \cdots,\, |Z_+^{(s)}| \\ 1 - P_{\mathrm{d}}^{(s)}(\boldsymbol{x},\, \ell), & j^{(s)} = 0 \end{cases} \tag{5-10}$$

$$g^{(s)}([\boldsymbol{z}_{j^{(s)}}^{(s)}] \mid \boldsymbol{x},\, \ell) = \varphi(h(\boldsymbol{x});\, \underline{\boldsymbol{z}}_{j^{(s)}}^{(s)},\, \boldsymbol{R}) - \varphi(h(\boldsymbol{x});\, \overline{\boldsymbol{z}}_{j^{(s)}}^{(s)},\, \boldsymbol{R}) \tag{5-11}$$

点不具有体积，不存在点粒子收缩的概念。因此，无论针对哪一个传感器量测集合 $\boldsymbol{Z}_+^{(s)}$ 计算 $\psi_{Z_+^{(s)}}^{(s,\, j^{(s)})}(\boldsymbol{x},\, \ell)$，都不会改变点粒子 $\boldsymbol{x}$ 的数值，换言之，所有单传感器量测更新系数 $\psi_{Z_+^{(s)}}^{(s,\, j^{(s)})}(\boldsymbol{x},\, \ell)(s=1,\, 2,\, \cdots,\, S)$ 都是在同一个粒子 $\boldsymbol{x}$ 处计算的。对于预测的目标状态概率密度函数 $\bar{p}_+^{(\xi)}(\boldsymbol{x},\, \ell)$，多传感器量测更新系数 $\psi_{Z_+}^{(j^{(1:S)})}(\boldsymbol{x},\, \ell)$ 在点粒子 $\boldsymbol{x}_{+,\, i}^{(\xi)(\ell)}$ 的计算公式为

$$\psi_{Z_+}^{(j^{(1:S)})}(\boldsymbol{x}_{+,\, i}^{(\xi)(\ell)},\, \ell) = \prod_{s=1}^{S} \psi_{Z_+^{(s)}}^{(s,\, j^{(s)})}(\boldsymbol{x}_{+,\, i}^{(\xi)(\ell)},\, \ell) \tag{5-12}$$

根据式(2-13)，平均量测更新系数 $\bar{\psi}_{Z_+}^{(\xi,\, j^{(1:S)})}(\ell)$ 的计算公式如下：

$$\bar{\psi}_{Z_+}^{(\xi,\, j^{(1:S)})}(\ell) = \sum_{i=1}^{N_+^{(\xi)(\ell)}} w_{+,\, i}^{(\xi)(\ell)} \psi_{Z_+}^{(j^{(1:S)})}(\boldsymbol{x}_{+,\, i}^{(\xi)(\ell)},\, \ell) \tag{5-13}$$

**2. 重采样、航迹假设修剪与状态估计值提取**

本节算法的粒子重采样过程与 3.3.2 节 PI-LMB 算法相同。航迹假设修剪过程以及状态估计值提取方法与 4.3.2 节 PI-JGLMB 算法相同。

## 5.3 仿真实验与分析

本节通过仿真实验对上述方法进行验证，并对实验结果进行分析。仿真实验结果为 100 次蒙特卡罗实验的平均结果。仿真环境以及计算机配置与 3.4 节相同。多目标跟踪方法性能的评价指标主要包括势估计均值与标准差、包含值、体积值、OSPA 距离等。

### 5.3.1 非线性场景

**1. 场景描述**

仿真场景中共有两个传感器位于极坐标系原点，均具有区间量测。量测向

量由距离与方位角构成。最多同时有 6 个目标在监视区内运动。目标数目会因目标新生或消亡而变化。目标真实航迹与 3.4.1 节非线性场景设置相同，如图 3.1 所示。真实航迹的起始状态、新生时刻、消亡时刻如表 3.1 所示。目标状态向量 $\boldsymbol{x}_k=(\tilde{\boldsymbol{x}}_k^{\mathrm{T}}, \omega_k)^{\mathrm{T}}$ 由位置速度向量 $\tilde{\boldsymbol{x}}_k=(p_{x,k}, \dot{p}_{x,k}, p_{y,k}, \dot{p}_{y,k})^{\mathrm{T}}$ 以及转弯角速度 $\omega_k$ 构成。

目标运动服从 3.4.1 节的匀速转弯模型。对于粒子滤波，目标状态转移模型可由式(3-40)～式(3-43)描述；对于箱粒子滤波，目标状态转移模型可由式(3-44)和式(3-45)描述。状态转移模型参数 $T_{\mathrm{S}}$、$\sigma_u$、$\sigma_{\bar{\omega}}$ 的数值如表 5.1 所示。

**表 5.1 非线性场景下的状态转移模型与量测模型参数**

| 参数 | 数值 | 单位 |
|---|---|---|
| $T_{\mathrm{s}}$ | 1 | s |
| $\sigma_u$ | 5 | $\mathrm{m/s^2}$ |
| $\sigma_{\bar{\omega}}$ | $\pi/180$ | rad/s |
| $\sigma_{\theta,1}$ | $\pi/600$ | rad |
| $\sigma_{\theta,2}$ | $\pi/180$ | rad |
| $\sigma_{r,1}$ | 3 | m |
| $\sigma_{r,2}$ | 1 | m |
| $\Delta\theta$ | $\pi/45$ | rad |
| $\Delta r$ | 50 | m |

对于 $s=1, 2$，第 $s$ 个传感器的量测模型为

$$\boldsymbol{z}_{k,s}=\begin{pmatrix}\arctan(p_{x,k}/p_{y,k})\\ \sqrt{p_{x,k}^2+p_{y,k}^2}\end{pmatrix}+\boldsymbol{v}_{k,s} \tag{5-14}$$

式中，量测噪声 $\boldsymbol{v}_{k,s}$为零均值高斯白噪声，其协方差为 $\boldsymbol{R}_{k,s}=\mathrm{diag}((\sigma_{\theta,s}^2, \sigma_{r,s}^2)^{\mathrm{T}})$。两个传感器均具有区间量测，第 $s$ 个传感器的区间量测定义为

$$[\boldsymbol{z}_{k,s}]=[\boldsymbol{z}_{k,s}-0.9\Delta_{\mathrm{s}}, \boldsymbol{z}_{k,s}+0.1\Delta_{\mathrm{s}}] \tag{5-15}$$

式中，$\Delta_1=\Delta_2=(\Delta\theta,\ \Delta r)^{\mathrm{T}}$。量测参数 $\sigma_{\theta,1}$、$\sigma_{r,1}$、$\sigma_{\theta,2}$、$\sigma_{r,2}$、$\Delta\theta$、$\Delta r$ 的数值见表 5.1。

所有传感器具有相同的检测概率函数和杂波强度函数。检测概率函数为

$$P_{\mathrm{d}}(\boldsymbol{x}_k)=\frac{0.86\ \mathcal{N}((p_{x,k},\ p_{y,k});(0,\ 0),\ \mathrm{diag}((6000,\ 6000))^2)}{\mathcal{N}((0,\ 0);(0,\ 0),\ \mathrm{diag}((6000,\ 6000))^2)} \tag{5-16}$$

杂波强度函数 $\kappa_k(\boldsymbol{z})$的形式与式(3-48)相同，其中杂波密度 $\lambda_c=1.6\times 10^{-3}(\mathrm{rad}\cdot\mathrm{m})^{-1}$。新生过程$\pi_{B,+}$可由式(3-50)描述，其参数与 3.4.1 节相同，如表 3.3 所示。目标存活概率 $P_{\mathrm{S}}(\boldsymbol{x}_k)=0.99$。

GLMB 多目标概率密度函数中，权值低于阈值 $\tau=10^{-5}$的航迹假设将被剔除，航迹假设个数的上限为 $H_{\max}=400$。箱粒子重采样数量 $N=40$。假设已知目标速度在[−60, 60] m/s 的范围内变化，针对目标位置速度向量$[\tilde{\boldsymbol{x}}_k]$的约束传播算法如图 3.2 所示。

**2. 实验结果与分析**

图 5.2 与图 5.3 给出了非线性场景下 BPI-MS-JGLMB 的单次运行结果，图中不同航迹用不同颜色和标志符号表示。图 5.2 中灰色方框代表目标量测或杂波量测，不同颜色和标志的符号代表不同目标的状态估计值。可以看出，目标状态的估计值总体是精确的，只在个别采样时刻具有较大偏差。此外，在目标航迹交会时，没有出现航迹标签错误分配的问题。

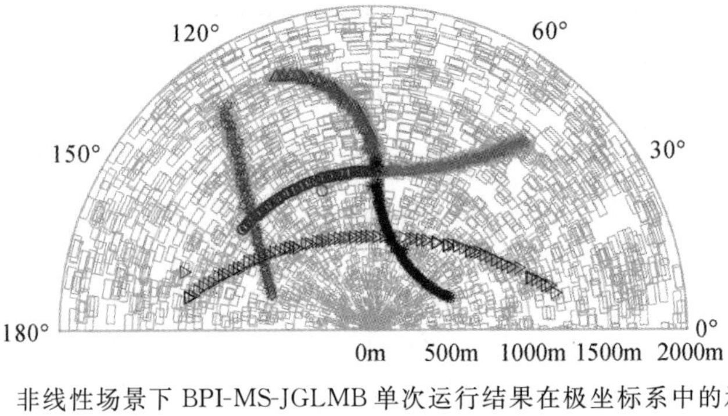


图 5.2 非线性场景下 BPI-MS-JGLMB 单次运行结果在极坐标系中的示意图

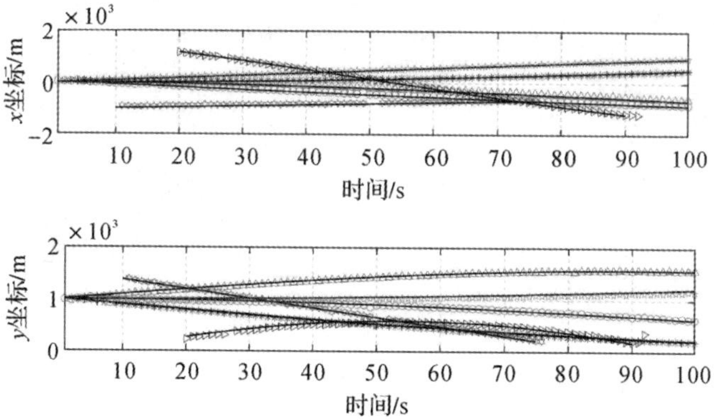


图 5.3　非线性场景下 BPI-MS-JGLMB 单次运行结果在 $x$、$y$ 方向的示意图

用 PI-MS-JGLMB($J=1000$)、PI-MS-JGLMB($J=2000$)、PI-MS-JGLMB($J=5000$)分别表示 PI-MS-JGLMB 算法以 1000、2000、5000 个粒子近似目标状态概率密度函数的情况。

图 5.4 比较了 BPI-MS-JGLMB 算法与 PI-MS-JGLMB 算法的势估计性能。可以看出，BPI-MS-JGLMB 的势估计均值比 PF-MS-JGLMB($J=1000$)更准确，与 PF-MS-JGLMB($J=2000$)和 PF-MS-JGLMB($J=5000$)相近。

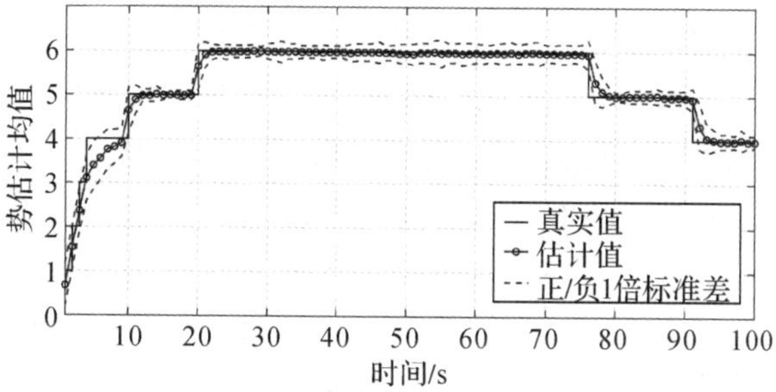


(a) BPI-MS-JGLMB

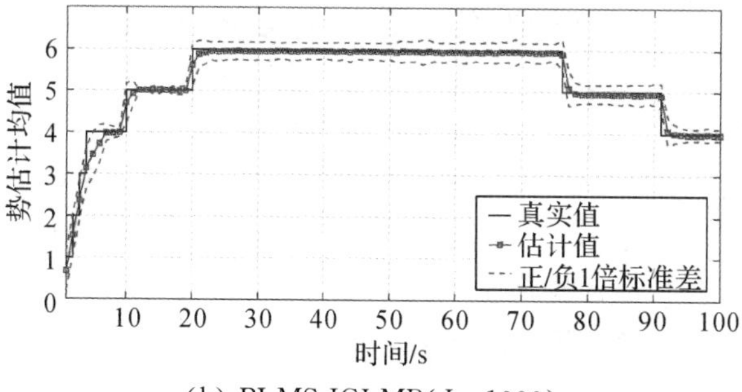


(b) PI-MS-JGLMB($J=1000$)

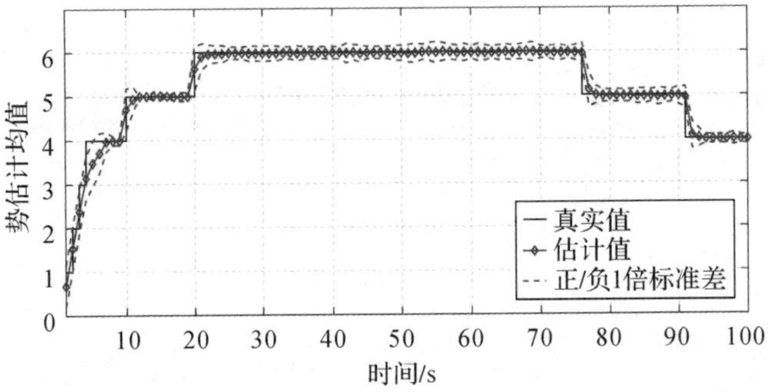


(c) PI-MS-JGLMB($J$=2000)

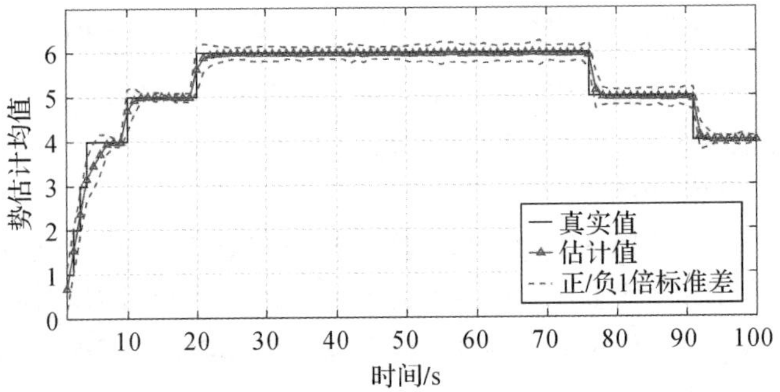


(d) PI-MS-JGLMB($J$=5000)

图 5.4　非线性场景下不同滤波方法的势估计均值与标准差

BPI-MS-JGLMB 的势估计标准差比 PF-MS-JGLMB($J$=1000)的更小，比 PF-MS-JGLMB($J$=2000)和 PF-MS-JGLMB($J$=5000)更大。BPI-MS-JGLMB 对目标消亡的反应速度与 PF-MS-JGLMB 相比存在一到两个时刻的延迟。

图 5.5 与图 5.6 比较了 BPI-MS-JGLMB 算法与 PI-MS-JGLMB 算法的包含值与体积值。可以看出，BPI-MS-JGLMB 算法的包含值与体积值均高于 PF-MS-JGLMB 算法。经统计，BPI-MS-JGLMB 的包含值比 PI-MS-JGLMB 分别取 $J=1000$、2000、5000 时的包含值平均分别高出 86.5%、48.3% 和 20.3%。更高的包含值表明有更多目标状态真实值包含在估计的后验状态概率密度函数的支撑集内。最大化包含值比最小化体积值更为重要。

图 5.7 比较了 BPI-MS-JGLMB 算法与 PI-MS-JGLMB 算法的 OSPA 距离($p=1$，$c=300$ m)。可以看出，在多数采样时刻，BPI-MS-JGLMB 和 PF-MS-JGLMB 的 OSPA 距离曲线几乎相互重叠。然而，在目标新生时刻(1～10 s、20 s)和消亡时刻(75 s、90 s)附近，BPI-MS-JGLMB 的 OSPA 距离比 PF-MS-JGLMB 的 OSPA 距离更大。

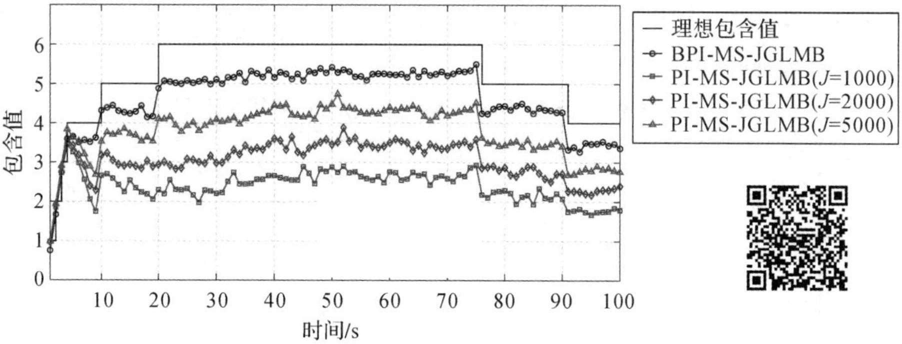


图 5.5　非线性场景下不同滤波方法的包含值

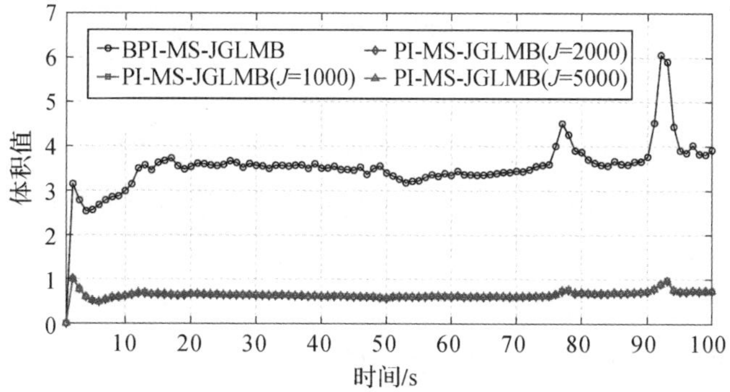


图 5.6　非线性场景下不同滤波方法的体积值

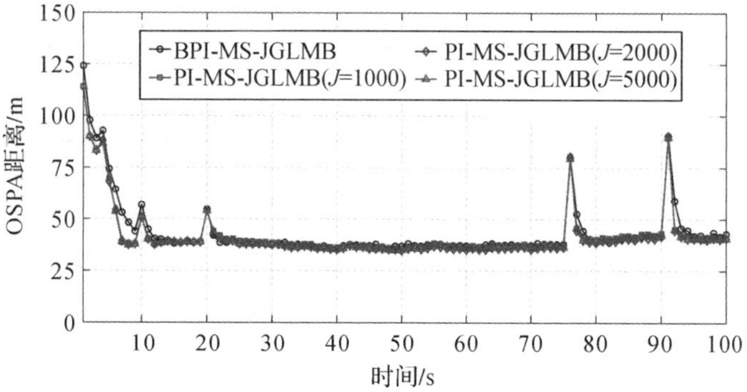


图 5.7　非线性场景下不同滤波方法的 OSPA 距离

可以看出，BPI-MS-JGLMB 的综合性能接近 PF-MS-JGLMB($J=5000$)。但如表 5.2 所示，BPI-MS-JGLMB 的平均运行时间只是 PF-MS-JGLMB($J=5000$)运行时间的 11%。

**表 5.2 非线性场景下不同滤波方法的平均运行时间**

| 跟踪算法 | 运行时间/s |
|---|---|
| BPI-MS-JGLMB | 100.65 |
| PF-MS-JGLMB($J=1000$) | 143.46 |
| PF-MS-JGLMB($J=2000$) | 269.91 |
| PF-MS-JGLMB($J=5000$) | 875.24 |

## 5.3.2 线性场景

### 1. 场景描述

考虑一个线性多目标跟踪场景，有两个传感器，均产生区间量测。目标真实航迹与 3.4.2 节设置相同，如图 3.9 所示。真实航迹的起始状态、新生时刻和消亡时刻如表 3.5 所示。

对于粒子滤波，目标状态转移模型可由式(3-51)描述。对于箱粒子滤波，状态转移模型由式(3-53)描述。状态转移模型参数 $T_S$、$\sigma_u$ 的数值如表 5.3 所示。

**表 5.3 线性场景下的状态转移模型与量测模型参数**

| 参数 | 数值 | 单位 |
|---|---|---|
| $T_s$ | 1 | s |
| $\sigma_u$ | 5 | m/s$^2$ |
| $\sigma_{x,1}$ | 5 | m |
| $\sigma_{x,2}$ | 10 | m |
| $\sigma_{y,1}$ | 10 | m |
| $\sigma_{y,2}$ | 5 | m |
| $\Delta x$ | 60 | m |
| $\Delta y$ | 60 | m |

对于 $s=1, 2$，第 $s$ 个传感器的量测模型为

$$\boldsymbol{z}_{k,s}=\boldsymbol{H}\boldsymbol{x}_k+\boldsymbol{v}_{k,s} \tag{5-17}$$

式中，$\boldsymbol{H}$ 由式(3－55)给出，量测噪声 $\boldsymbol{v}_{k,s}$ 是高斯白噪声，均值为零，方差为 $\boldsymbol{R}_{k,s}=\mathrm{diag}((\sigma_{x,s}^2, \sigma_{y,s}^2)^{\mathrm{T}})$。区间量测定义的形式与式(5－15)相同，其中 $\Delta_1=\Delta_2=(\Delta x, \Delta y)^{\mathrm{T}}$。量测参数 $\sigma_{x,1}$、$\sigma_{y,1}$、$\sigma_{x,2}$、$\sigma_{y,2}$、$\Delta x$、$\Delta y$ 的数值见表 5.3。

两个传感器具有相同的杂波强度函数 $\kappa_k(\boldsymbol{z})$，由式(3－48)给出，其中杂波密度 $\lambda_c=6.25\times10^{-7}\ \mathrm{m}^{-2}$(线性场景下)。新生过程 $\pi_{B,+}$ 由式(3－56)给出，其参数见表 3.7。目标存活概率 $P_{\mathrm{S}}(\boldsymbol{x}_k)=0.99$。传感器检测概率 $P_{\mathrm{d}}(\boldsymbol{x}_k)=0.98$。

GLMB 多目标概率密度函数中权值低于阈值 $\tau=10^{-5}$ 的航迹假设将被剔除，航迹假设个数的上限为 $H_{\max}=300$。箱粒子重采样数量 $N=40$。假设已知目标速度在[－60, 60] m/s 的范围内变化，针对目标状态向量$[\boldsymbol{x}_k]$的约束传播算法如图 3.10 所示。

**2. 实验结果与分析**

图 5.8 与图 5.9 给出了 BPI-MS-JGLMB 算法的单次运行结果。可以看出，所有目标在大多数时刻的状态估计值都是精确的，只有个别时刻的状态估计值偏离真实值。在目标航迹交会时，没有出现航迹标签错误分配的问题。

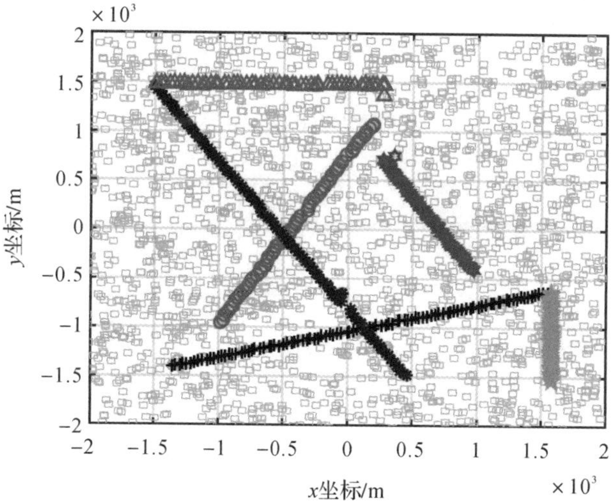


图 5.8　线性场景下 BPI-MS-JGLMB 单次运行结果在直角坐标系中的示意图

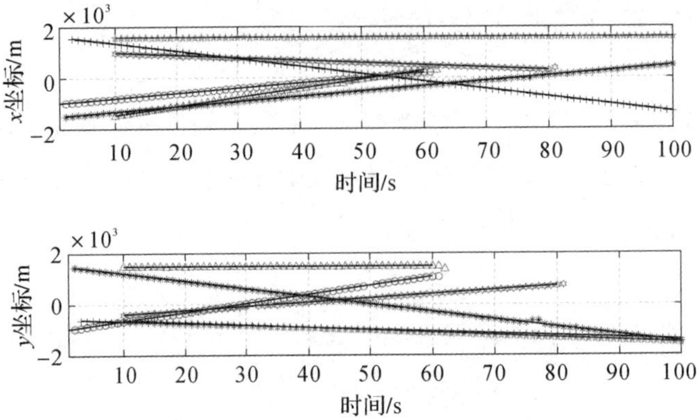


图 5.9 线性场景下 BPI-MS-JGLMB 单次运行结果在 $x$、$y$ 方向的示意图

图 5.10 给出了 BPI-MS-JGLMB 算法、PI-MS-JGLMB 算法的势估计结果。可以看出，BPI-MS-JGLMB 的势估计性能优于 PI-MS-JGLMB($J$=1000)和 PI-MS-JGLMB($J$=2000)，与 PI-MS-JGLMB($J$=5000)相近。

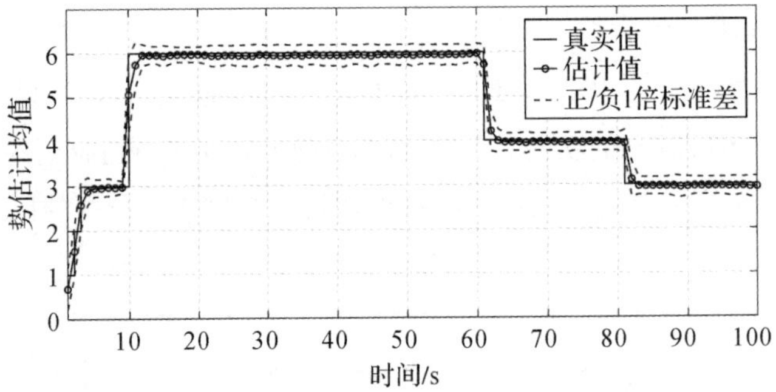


(a) BPI-MS-JGLMB

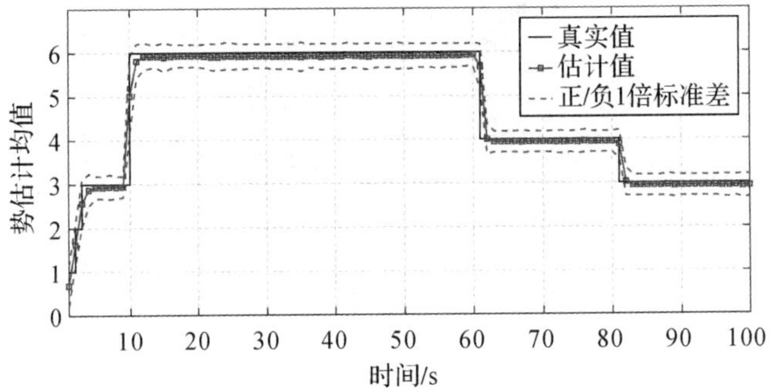


(b) PI-MS-JGLMB($J$=1000)

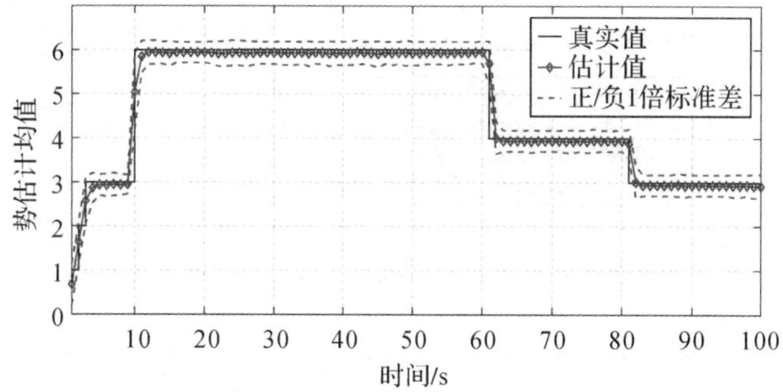


(c) PI-MS-JGLMB($J=2000$)

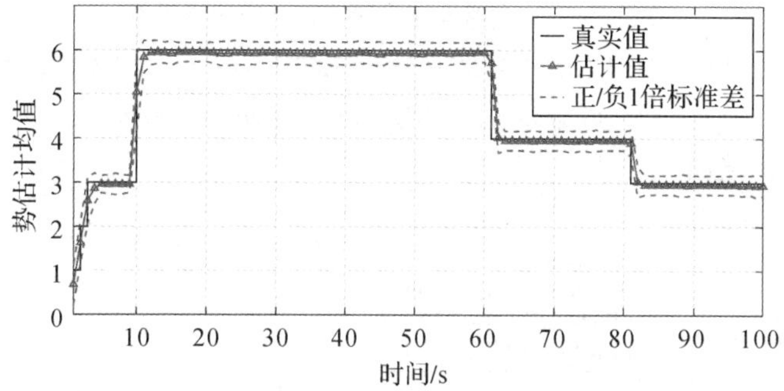


(d) PI-MS-JGLMB($J=5000$)

图 5.10　线性场景下不同滤波方法的势估计均值与标准差

图 5.11 和图 5.12 对比了 BPI-MS-JGLMB 算法和 PI-MS-JGLMB 算法的包含值与体积值。可以看出，BPI-MS-JGLMB 的包含值和体积值整体上高于各情况下的 PI-MS-JGLMB。经统计，BPI-MS-JGLMB 的包含值比 PI-MS-JGLMB 分别取 $J=1000$、2000、5000 时的包含值平均分别高出 97.3%、47.9%和 11.1%。

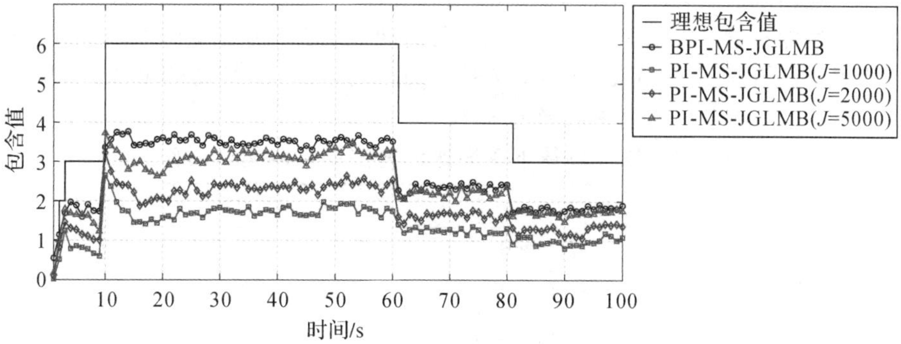


图 5.11　线性场景下不同滤波方法的包含值

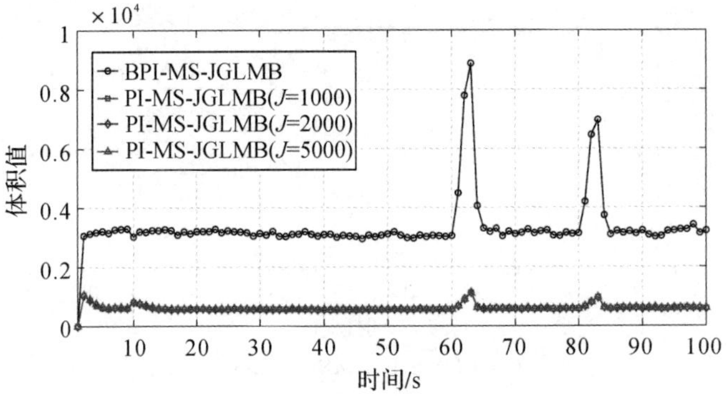


图 5.12 线性场景下不同滤波方法的体积值

图 5.13 给出了 BPI-MS-JGLMB 算法和 PI-MS-JGLMB 算法的 OSPA 距离($p=1$, $c=300$ m)。可以看出，BPI-MS-JGLMB 算法与 PI-MS-JGLMB 算法的 OSPA 距离曲线几乎重叠。

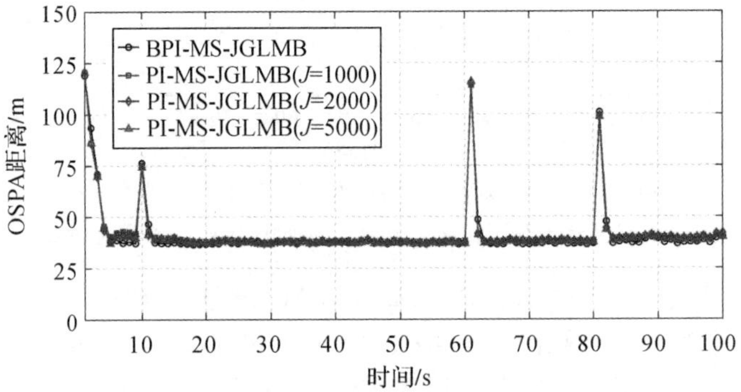


图 5.13 线性场景下不同滤波方法的 OSPA 距离

上述结果表明，BPI-MS-JGLMB 的综合性能与 PI-MS-JGLMB($J=5000$)的综合性能相近。各跟踪算法的平均运行时间如表 5.4 所示，BPI-MS-JGLMB 算法平均运行时间为 41.31 s，PI-MS-JGLMB($J=2000$)算法的平均运行时间为 114.75 s，前者耗时仅为后者的 36%。

**表 5.4 线性场景下不同滤波方法的平均运行时间**

| 跟踪算法 | 运行时间/s |
| --- | --- |
| BPI-MS-JGLMB | 41.31 |
| PF-MS-JGLMB($J=1000$) | 65.57 |
| PF-MS-JGLMB($J=2000$) | 114.75 |
| PF-MS-JGLMB($J=5000$) | 301.17 |

## 5.4 本章小结

本章针对多传感器具有区间量测的情况，介绍了箱粒子迭代收缩算法。该算法按照随机次序处理各传感器量测集合，箱粒子在前一个传感器量测集合的约束下收缩后，所产生的变体成为下一个传感器量测集合约束的对象，并继续收缩，同时产生新的变体。此外，在箱粒子迭代收缩算法的基础上，介绍了 BPI-MS-JGLMB 算法。仿真对比了 BPI-MS-JGLMB 算法与 PI-MS-JGLMB 算法的性能，结果表明，在二者性能相近时，BPI-MS-JGLMB 算法运行时间更短，具有更好的实时性。

# 第6章　混合量测多传感器箱粒子联合预测与更新广义标签多伯努利滤波

## 6.1 引　　言

第5章主要介绍了多个传感器全部具有区间量测的情况，本章主要介绍多个传感器中部分传感器具有区间量测，其余传感器具有点量测的情况。本书将该情况下区间量测与点量测的混合称为混合量测。因为粒子滤波既可以通过量测似然函数 $g(\boldsymbol{z}|\boldsymbol{x})$ 处理点量测，也可以通过量测似然函数 $g([\boldsymbol{z}]|\boldsymbol{x})$ 处理区间量测，所以MS-JGLMB算法能够解决上述情况下的多目标跟踪问题。然而，粒子MS-JGLMB计算负担重，难以满足多目标跟踪的实时性需求，因此，本章介绍箱粒子滤波实现的MS-JGLMB滤波，以应对上述情况。箱粒子滤波通过量测似然函数 $g([\boldsymbol{z}]|[\boldsymbol{x}])$ 处理区间量测，但是由于尚不存在形如 $g(\boldsymbol{z}|[\boldsymbol{x}])$ 的量测似然函数，因此如何用箱粒子滤波处理点量测仍是有待深入研究的问题，这是本章介绍内容的难点。

针对以上问题，本章介绍两个解决思路：

(1) 利用点量测正负三倍标准差的区间，将点量测转化成区间量测，然后应用第5章箱粒子实现的BPI-MS-JGLMB算法处理所有量测。然而，第5章的BPI-MS-JGLMB是低效的。这是因为在多传感器更新过程中，单个箱粒子在一批来自同一传感器的区间量测的约束下，会收缩并产生一批该箱粒子的变体。这批箱粒子变体，在新一批来自下一个传感器的区间量测的约束下，又各自收缩并产生新的变体。于是，箱粒子变体迅速增殖，传感器数目或量测数目越大，则增殖速度越快，造成的计算负担也越大。

(2) 推导量测似然函数 $g(\boldsymbol{z}|[\boldsymbol{x}])$ 的表达式，然后利用该量测似然函数与 $g([\boldsymbol{z}]|[\boldsymbol{x}])$ 分别处理点量测与区间量测。因为点量测 $\boldsymbol{z}$ 不对箱粒子 $[\boldsymbol{x}]$ 构成约束，所以计算 $g(\boldsymbol{z}|[\boldsymbol{x}])$ 不涉及箱粒子收缩。因此，只有那些具有区间量测的传感器才会因计算 $g([\boldsymbol{z}]|[\boldsymbol{x}])$ 触发箱粒子收缩，而具有点量测的传感器计算 $g(\boldsymbol{z}|[\boldsymbol{x}])$ 不会触发箱粒子收缩，从而算法更新过程所产生的箱粒子变体将大幅减少，计算负担也将随之降低。

在量测似然函数 $g(\boldsymbol{z}|[\boldsymbol{x}])$ 的基础上，介绍针对混合量测的 BPI-MS-JGLMB (BPI-MS-JGLMB for Mixed Measurements, BMJM) 算法，并且给出了与之对应的针对混合量测的 PI-MS-JGLMB (PI-MS-JGLMB for Mixed Measurements, PMJM) 算法。

## 6.2　量测似然函数 $g(\boldsymbol{z}|[\boldsymbol{x}])$ 的近似

本节首先介绍区间分析理论中点量测传感器的量测模型，然后推导似然函数 $g(\boldsymbol{z}|[\boldsymbol{x}])$ 的近似计算公式。

### 6.2.1　量测模型

假设量测与目标状态的关系可用量测函数 $h:\mathbb{X}\rightarrow\mathbb{Z}$ 来描述：

$$\boldsymbol{z}=h(\boldsymbol{x})+\boldsymbol{v} \tag{6-1}$$

式中，$\boldsymbol{v}$ 表示加性零均值高斯白噪声，其概率密度函数记作 $p(\boldsymbol{v})=\mathcal{N}(\boldsymbol{v};\boldsymbol{0},\boldsymbol{R})$。

在这个量测模型的基础上，文献[229]推导出任一区间量测 $[\boldsymbol{z}]\in\mathbb{IZ}$ 在任意一点粒子 $\boldsymbol{x}$ 条件下的似然函数为

$$g([\boldsymbol{z}]\mid\boldsymbol{x})=\varphi(h(\boldsymbol{x});\underline{\boldsymbol{z}},\boldsymbol{R})-\varphi(\boldsymbol{h}(\boldsymbol{x});\overline{\boldsymbol{z}},\boldsymbol{R}) \tag{6-2}$$

以及 $[\boldsymbol{z}]$ 在任一箱粒子 $[\boldsymbol{x}]$ 条件下的似然函数为

$$g([\boldsymbol{z}]\mid[\boldsymbol{x}])\approx\frac{|[h_{\mathrm{CP}}]([\boldsymbol{x}],[\boldsymbol{z}])|}{|[\boldsymbol{x}]|} \tag{6-3}$$

理论上，可以参照文献[229]推导 $g([\boldsymbol{z}]|\boldsymbol{x})$ 的过程来推导 $g(\boldsymbol{z}|[\boldsymbol{x}])$。量测似然函数 $g(\boldsymbol{z}|[\boldsymbol{x}])$ 可以用下式表示：

$$\begin{aligned}g(\boldsymbol{z}\mid[\boldsymbol{x}])&=\Pr\{h([\boldsymbol{x}])+\boldsymbol{v}=\boldsymbol{z}\}=\Pr\{\boldsymbol{v}\in\boldsymbol{z}-h([\boldsymbol{x}])\}\\&=\int_{\boldsymbol{z}-h([\boldsymbol{x}])}p(\boldsymbol{v})\mathrm{d}\boldsymbol{v}=\int_{\boldsymbol{z}-h([\boldsymbol{x}])}\mathcal{N}(\boldsymbol{v};\boldsymbol{0},\boldsymbol{R})\mathrm{d}\boldsymbol{v}\end{aligned} \tag{6-4}$$

式中，Pr 表示概率的变量。

因为积分区域 $h([\boldsymbol{x}])$ 的形状过于复杂，所以对式(6-4)中的积分项难以求出解析解。虽然得不到 $g(\boldsymbol{z}|[\boldsymbol{x}])$ 的闭合表达式，但是可以得到 $g((\boldsymbol{z}|[\boldsymbol{x}])$ 两种近似表达式，为便于表述，分别称为近似表达式 A 与近似表达式 B。

### 6.2.2 近似表达式 A

推导近似表达式 A 的思路，就是将式(6-4)中积分区域 $h([\boldsymbol{x}])$ 替换为其自然包含函数 $[h]([\boldsymbol{x}])$，以降低求积分的难度，即

$$g(\boldsymbol{z} \mid [\boldsymbol{x}]) \approx \int_{\boldsymbol{z}-[h]([\boldsymbol{x}])} \mathcal{N}(\boldsymbol{v};\boldsymbol{0},\boldsymbol{R})\mathrm{d}\boldsymbol{v} \tag{6-5}$$

令 $[\boldsymbol{c}]=\boldsymbol{z}-[h]([\boldsymbol{x}])$，则

$$g(\boldsymbol{z} \mid [\boldsymbol{x}]) \approx \int_{\underline{c}}^{\overline{c}} \mathcal{N}(\boldsymbol{v};\boldsymbol{0},\boldsymbol{R})\mathrm{d}\boldsymbol{v} = \varphi(\overline{c};\boldsymbol{0},\boldsymbol{R}) - \varphi(\underline{c};\boldsymbol{0},\boldsymbol{R}) \tag{6-6}$$

虽然式(6-6)在形式上与式(6-2)相似，但是经仿真证明式(6-6)效果很差，这是因为 $h([\boldsymbol{x}])$ 与 $[h]([\boldsymbol{x}])$ 之间的差异并不能忽略不计，将 $h([\boldsymbol{x}])$ 替换为 $[h]([\boldsymbol{x}])$ 的作法引入了较大的误差。

### 6.2.3 近似表达式 B

对单个箱可以有两种理解模式[209-210]：

(1) 它代表无数个连续分布在箱内的点粒子；

(2) 它代表一个在箱内位置模糊的点粒子。

本节将在第二种理解模式的基础上推导近似表达式 B。推导过程可分为三步。

第一步，将 $g(\boldsymbol{z}|[\boldsymbol{x}])$ 认为是一个确定的量测 $\boldsymbol{z}$，在一个不确定的点粒子 $\boldsymbol{y}$ 作条件下的似然函数 $g(\boldsymbol{z}|\boldsymbol{y})$，其中 $\boldsymbol{y}$ 服从均匀分布，有

$$U_{[x]}(\boldsymbol{y}) = \begin{cases} \dfrac{1}{\|[\boldsymbol{x}]\|}, & \boldsymbol{y} \in [\boldsymbol{x}] \\ 0, & \boldsymbol{y} \notin [\boldsymbol{x}] \end{cases} \tag{6-7}$$

第二步，取 $g(\boldsymbol{z}|\boldsymbol{y})$ 相对于 $\boldsymbol{y}$ 的期望 $E(g(\boldsymbol{z}|\boldsymbol{y}))$ 作为 $g(\boldsymbol{z}|[\boldsymbol{x}])$ 的近似，有

$$\begin{aligned} E(g(\boldsymbol{z} \mid \boldsymbol{y})) &= \int g(\boldsymbol{z} \mid \boldsymbol{y})U_{[x]}(\boldsymbol{y})\mathrm{d}\boldsymbol{y} \\ &= \frac{1}{\|[\boldsymbol{x}]\|}\int_{[x]} \mathcal{N}(\boldsymbol{z};h(\boldsymbol{y}),\boldsymbol{R})\mathrm{d}\boldsymbol{y} \end{aligned} \tag{6-8}$$

第三步，求 $E(g(\boldsymbol{z}|\boldsymbol{y}))$ 的近似解。用加权粒子集合 $\{w_i=1/N, \boldsymbol{x}_i\}_{i=1}^N$ 近似表达均匀分布 $U_{[\boldsymbol{x}]}(\boldsymbol{y})$，其中 $\boldsymbol{x}_i$ 是从空间区域 $[\boldsymbol{x}]$ 均匀采样得到的随机样本。因此，$U_{[\boldsymbol{x}]}(\boldsymbol{y})$ 可以表达为

$$U_{[\boldsymbol{x}]}(\boldsymbol{y}) \approx \sum_{i=1}^{N} w_i \delta_{x_i}(\boldsymbol{y}) \tag{6-9}$$

将式(6-9)代入式(6-8)，则

$$\begin{aligned} E(g(\boldsymbol{z} \mid \boldsymbol{y})) &\approx \int g(\boldsymbol{z} \mid \boldsymbol{y}) \sum_{i=1}^{N} w_i \delta_{\boldsymbol{x}_i}(\boldsymbol{y}) \mathrm{d}\boldsymbol{y} \\ &= \sum_{i=1}^{N} w_i \int g(\boldsymbol{z} \mid \boldsymbol{y}) \delta_{\boldsymbol{x}_i}(\boldsymbol{y}) \mathrm{d}\boldsymbol{y} \\ &= \frac{1}{N} \sum_{i=1}^{N} g(\boldsymbol{z} \mid \boldsymbol{x}_i) \end{aligned} \tag{6-10}$$

式(6-10)仅涉及标准量测似然函数 $g(\boldsymbol{z}|\boldsymbol{x}_i)=\mathcal{N}(\boldsymbol{z};h(\boldsymbol{x}_i), \boldsymbol{R})$，因此，更易于计算。可以用式(6-10)来近似计算 $g(\boldsymbol{z}|[\boldsymbol{x}])$，即

$$g(\boldsymbol{z} \mid [\boldsymbol{x}]) \approx \frac{1}{N} \sum_{i=1}^{N} g(\boldsymbol{z} \mid \boldsymbol{x}_i) \tag{6-11}$$

推导式(6-11)的过程涉及两个近似步骤：

(1) 利用 $E(g(\boldsymbol{z}|\boldsymbol{y}))$ 近似 $g(\boldsymbol{z}|[\boldsymbol{x}])$；

(2) 利用式(6-10)近似 $E(g(\boldsymbol{z}|\boldsymbol{y}))$。

式(6-11)对 $g(\boldsymbol{z}|[\boldsymbol{x}])$ 的近似精度是有限的，不适用于在只有点量测的场景中独立构建箱粒子滤波算法，只适用于在既有点量测又有区间量测的场景中，配合 $g([\boldsymbol{z}]|[\boldsymbol{x}])$ 来共同构建箱粒子滤波算法。

## 6.3　混合量测多传感器联合预测与更新广义标签多伯努利滤波的实现

本节介绍混合量测下 MS-JGLMB 滤波的两种实现，一种是 BMJM 算法，采用量测似然函数 $g(\boldsymbol{z}|[\boldsymbol{x}])$，另一种是与 BMJM 相对应的 PMJM 算法。这两种算法均服从 3.3 节的假设 A.1，以及如下假设：场景中有多个传感器，部分传感器得到有偏差的区间量测 $[\boldsymbol{z}]\in\mathbb{IZ}$，其余传感器得到点量测 $\boldsymbol{z}\in\mathbb{Z}$。

### 6.3.1 箱粒子迭代

下面介绍 BMJM 算法的主要环节，包括联合预测与更新，重采样、航迹假设修剪与状态估计值提取等。

**1. 联合预测与更新**

将 $k$ 时刻的后验 GLMB 多目标概率密度记作式(2-8)，$k+1$ 时刻新生 LMB 多目标概率密度记作式(2-9)，则 $k+1$ 时刻的后验 GLMB 多目标概率密度可记作式(2-10)。

将关联历史 $\xi$ 下的目标状态概率密度函数 $p^{(\xi)}(\boldsymbol{x},\ell)$ 近似为一个加权箱粒子集合 $\{w_i^{(\xi)(\ell)},[\boldsymbol{x}_i^{(\xi)(\ell)}]\}_{i=1}^{N^{(\xi)(\ell)}}$，将新生目标状态概率密度函数 $p_{B,+}(\boldsymbol{x},\ell)$ 近似为 $\{w_{B,+,i}^{(\ell)},[\boldsymbol{x}_{B,+,i}^{(\ell)}]\}_{i=1}^{N_{B,+}^{(\ell)}}$。将预测的目标状态概率密度函数 $\bar{p}_+^{(\xi)}(\boldsymbol{x},\ell)$ 近似为 $\{w_{+,i}^{(\xi)(\ell)},[\boldsymbol{x}_{+,i}^{(\xi)(\ell)}]\}_{i=1}^{N_+^{(\xi)(\ell)}}$，再将更新的目标状态概率密度函数 $p_{Z_+}^{(\xi,\theta_+(\ell))}(\boldsymbol{x},\ell)$ 近似为 $\{w_{Z_+,i}^{(\xi,\theta_+(\ell))},[\boldsymbol{x}_{Z_+,i}^{(\xi,\theta_+(\ell))}]\}_{i=1}^{N_+^{(\xi)(\ell)}}$，则

$$\{w_{+,i}^{(\xi)(\ell)},[\boldsymbol{x}_{+,i}^{(\xi)(\ell)}]\}_{i=1}^{N_+^{(\xi)(\ell)}}=\{w_{S,i}^{(\xi)(\ell)},[\boldsymbol{x}_{S,i}^{(\xi)(\ell)}]\}_{i=1}^{N^{(\xi)(\ell)}}\cup\{w_{B,+,i}^{(\ell)},[\boldsymbol{x}_{B,+,i}^{(\ell)}]\}_{i=1}^{N_{B,+}^{(\ell)}} \tag{6-12}$$

其中，$w_{S,i}^{(\xi)(\ell)}$、$[\boldsymbol{x}_{S,i}^{(\xi)(\ell)}]$、$w_{Z_+,i}^{(\xi,\theta_+(\ell))}$、$[\boldsymbol{x}_{Z_+,i}^{(\xi,\theta_+(\ell))}]$的计算公式分别与式(4-11)、式(4-12)、式(4-14)、式(4-15)相同。

将多传感器量测集合记作 $\boldsymbol{Z}_+\overset{\text{def}}{=}\boldsymbol{Z}_+^{(1:S)}$。下面考虑第 S 个传感器分别具有区间量测和点量测的情况。

当第 S 个传感器具有区间量测时，即 $\boldsymbol{Z}_+^{(s)}\subseteq\mathbb{IZ}$，$\boldsymbol{Z}_+^{(s)}=\{[\boldsymbol{z}_1^{(s)}],[\boldsymbol{z}_2^{(s)}],\cdots,[\boldsymbol{z}_{M^{(s)}}^{(s)}]\}$，那么，根据式(2-29)，量测更新系数 $\psi_{Z_+^{(s)}}^{(s,j^{(s)})}(\boldsymbol{x},\ell)$在给定箱粒子$[\boldsymbol{x}]$处的取值为

$$\psi_{Z_+^{(s)}}^{(s,j^{(s)})}([\boldsymbol{x}],\ell)=\begin{cases}\dfrac{P_d^{(s)}([\boldsymbol{x}],\ell)g^{(s)}([\boldsymbol{z}_{j^{(s)}}^{(s)}]\mid[\boldsymbol{x}],\ell)}{\kappa^{(s)}([\boldsymbol{z}_{j^{(s)}}^{(s)}])}, & j^{(s)}=1,2,\cdots,M^{(s)}\\ 1-P_d^{(s)}([\boldsymbol{x}],\ell), & j^{(s)}=0\end{cases} \tag{6-13}$$

$$g^{(s)}([\boldsymbol{z}_{j^{(s)}}^{(s)}]\mid[\boldsymbol{x}],\ell)=\frac{\|[h_{CP}]([\boldsymbol{x}],[\boldsymbol{z}_{j^{(s)}}^{(s)}])\|}{\|[\boldsymbol{x}]\|} \tag{6-14}$$

当第 S 个传感器具有点量测时，即 $\boldsymbol{Z}_+^{(s)}\subseteq\mathbb{Z}$，$\boldsymbol{Z}_+^{(s)}=\{\boldsymbol{z}_1^{(s)},\boldsymbol{z}_2^{(s)},\cdots,\boldsymbol{z}_{M^{(s)}}^{(s)}\}$，量测更新系数 $\psi_{Z_+^{(s)}}^{(s,j^{(s)})}([\boldsymbol{x}],\ell)$可由下式计算：

$$\psi_{Z_+^{(s)}}^{(s,j^{(s)})}([\boldsymbol{x}],\ell)=\begin{cases}\dfrac{P_{\mathrm{d}}^{(s)}([\boldsymbol{x}],\ell)g^{(s)}(\boldsymbol{z}_{j^{(s)}}^{(s)}\mid[\boldsymbol{x}],\ell)}{\kappa^{(s)}(\boldsymbol{z}_{j^{(s)}}^{(s)})}, & j^{(s)}=1,2,\cdots,M^{(s)}\\ 1-P_{\mathrm{d}}^{(s)}([\boldsymbol{x}],\ell), & j^{(s)}=0\end{cases} \tag{6-15}$$

其中，$g^{(s)}(\boldsymbol{z}_{j^{(s)}}^{(s)}\mid[\boldsymbol{x}],\ell)$根据式(6-11)计算。

采用第 5 章介绍的多传感器箱粒子迭代收缩算法，对所有传感器量测集合$\boldsymbol{Z}_+^{(1:S)}$，计算$\psi_{Z_+}^{(j^{(1:S)})}([\boldsymbol{x}],\ell)$如下：

$$\psi_{Z_+}^{(j^{(1:S)})}([\boldsymbol{x}],\ell)=\prod_{s=1}^{S}\psi_{Z_+^{(s)}}^{(s,j^{(s)})}([\boldsymbol{x}^{(j^{(1:s-1)})}],\ell) \tag{6-16}$$

$$[\boldsymbol{x}^{(j^{(1:s)})}]=\begin{cases}[h_{\mathrm{CP}}]([\boldsymbol{x}^{(j^{(1:s-1)})}],[\boldsymbol{z}_{j^{(s)}}^{(s)}]), & j^{(s)}>0 \text{ 且 } \boldsymbol{Z}^{(s)}\subseteq \mathbb{IZ}\\ [\boldsymbol{x}^{(j^{(1:s-1)})}], & j^{(s)}=0 \text{ 或 } \boldsymbol{Z}^{(s)}\subseteq \mathbb{Z}\end{cases} \tag{6-17}$$

多传感器量测更新系数$\psi_Z^{(j^{(1:S)})}([\boldsymbol{x}],\ell)$的计算过程如图 6.1 所示。式(6-17)表明，如果$[\boldsymbol{x}^{(j^{(1:s-1)})}]$与区间量测$[\boldsymbol{z}_{j^{(s)}}^{(s)}]$相关联，那么前者就在后者的约束下收缩；如果$[\boldsymbol{x}^{(j^{(1:s-1)})}]$未关联给任何量测，或未关联给点量测$\boldsymbol{z}_{j^{(s)}}^{(s)}$，那么它就不会收缩。

输入：$[\boldsymbol{x}]\in\{w_{+,i}^{(\xi)(\ell)},[\boldsymbol{x}_{+,i}^{(\xi)(\ell)}]\}_{i=1}^{N_+^{(\xi)(\ell)}}$，$Z_+^{(1)}$，$Z_+^{(2)}$，…，$Z_+^{(S)}$

初始化$[\boldsymbol{x}^{(j^{(1:0)})}]=[\boldsymbol{x}]$
for $s=1:S$
　if $Z^{(s)}\subseteq\mathbb{IZ}$
　根据式(6-14)，计算$\psi_{Z_+^{(s)}}^{(s,j^{(s)})}([\boldsymbol{x}],\ell)$
　elseif $Z^{(s)}\subseteq\mathbb{Z}$
　根据式(6-16)，计算$\psi_{Z_+^{(s)}}^{(s,j^{(s)})}([\boldsymbol{x}],\ell)$
　end
　根据式(6-18)，产生$[\boldsymbol{x}^{(j^{(1:s)})}]$，用于下次循环
end
根据式(6-17)，计算$\psi_{Z_+}^{(j^{(1:S)})}([\boldsymbol{x}],\ell)$

输出：$\psi_{Z_+}^{(j^{(1:S)})}([\boldsymbol{x}],\ell)$，$[\boldsymbol{x}^{(j^{(1:S)})}]$

图 6.1　多传感器混合量测更新系数$\psi_{Z_+}^{(j^{(1:S)})}([\boldsymbol{x}],\ell)$的计算过程

最后，对于给定的$\bar{p}_+^{(\xi)}(\boldsymbol{x},\ell)$，$\bar{\psi}_Z^{(h,j^{(1:S)})}(\ell)$的计算公式如下：

$$\bar{\psi}_{Z_+}^{(\xi, j^{(1:S)})}(\ell) = \sum_{i=1}^{N_+^{(\xi)(\ell)}} w_{+,i}^{(\xi)(\ell)} \psi_{Z_+}^{(j^{(1:S)})}([\boldsymbol{x}_{+,i}^{(\xi)(\ell)}], \ell) \tag{6-18}$$

**2. 重采样、航迹假设修剪与状态估计值提取**

本节算法的箱粒子重采样方法与 3.3.1 节相同。航迹假设修剪与状态估计值提取的方法与 4.3.1 节相同。

## 6.3.2 粒子迭代

下面介绍 PMJM 算法的主要环节，包括联合预测与更新重采样、航迹假设修剪与状态估计值提取等。

**1. 联合预测与更新**

将 $k$ 时刻的后验 GLMB 多目标概率密度记作式(2-8)，$k+1$ 时刻新生 LMB 多目标概率密度记作式(2-9)，则 $k+1$ 时刻的后验 GLMB 多目标概率密度可记作式(2-10)。

将关联历史 $\xi$ 下的目标状态概率密度函数 $p^{(\xi)}(\boldsymbol{x}, \ell)$ 近似为一个加权粒子集合 $\{w_i^{(\xi)(\ell)}, \boldsymbol{x}_i^{(\xi)(\ell)}\}_{i=1}^{N^{(\xi)(\ell)}}$，将 $p_{B,+}(\boldsymbol{x}, \ell)$ 近似为 $\{w_{B,+,i}^{(\ell)}, \boldsymbol{x}_{B,+,i}^{(\ell)}\}_{i=1}^{N_{B,+}^{(\ell)}}$，将 $\bar{p}_+^{(\xi)}(\boldsymbol{x}, \ell)$ 近似为 $\{w_{+,i}^{(\xi)(\ell)}, \boldsymbol{x}_{+,i}^{(\xi)(\ell)}\}_{i=1}^{N_+^{(\xi)(\ell)}}$，$p_{Z_+}^{(\xi, \theta_+(\ell))}(\boldsymbol{x}, \ell)$ 近似为 $\{w_{Z_{+,i}}^{(\xi, \theta_+(\ell))}, \boldsymbol{x}_{Z_{+,i}}^{(\xi, \theta_+(\ell))}\}_{i=1}^{N_+^{(\xi)(\ell)}}$，则

$$\{w_{+,i}^{(\xi)(\ell)}, \boldsymbol{x}_{+,i}^{(\xi)(\ell)}\}_{i=1}^{N_+^{(\xi)(\ell)}} = \{w_{S,i}^{(\xi)(\ell)}, \boldsymbol{x}_{S,i}^{(\xi)(\ell)}\}_{i=1}^{N^{(\xi)(\ell)}} \cup \{w_{B,+,i}^{(\ell)}, \boldsymbol{x}_{B,+,i}^{(\ell)}\}_{i=1}^{N_{B,+}^{(\ell)}} \tag{6-19}$$

其中，$w_{S,i}^{(\xi)(\ell)}$、$\boldsymbol{x}_{S,i}^{(\xi)(\ell)}$、$w_{Z_{+,i}}^{(\xi, \theta_+(\ell))}$、$\boldsymbol{x}_{Z_{+,i}}^{(\xi, \theta_+(\ell))}$ 的计算公式分别与式(4-25)、式(4-26)、式(4-28)、式(4-29)相同。

将多传感器量测集合记作 $\boldsymbol{Z}_+ \stackrel{\text{def}}{=} \boldsymbol{Z}_+^{(1:S)}$。下面考虑第 $s$ 个传感器分别具有区间量测和点量测的情况。

当第 $s$ 个传感器具有区间量测时，即 $\boldsymbol{Z}_+^{(s)} \subseteq \mathbb{IZ}$，$\boldsymbol{Z}_+^{(s)} = \{[\boldsymbol{z}_1^{(s)}], [\boldsymbol{z}_2^{(s)}], \cdots, [\boldsymbol{z}_{M^{(s)}}^{(s)}]\}$，那么根据式(2-29)，量测更新系数 $\psi_{Z_+^{(s)}}^{(s, j^{(s)})}(\boldsymbol{x}, \ell)$ 在给定箱粒子 $\boldsymbol{x}$ 处的取值为

$$\psi_{Z_+^{(s)}}^{(s, j^{(s)})}(\boldsymbol{x}, \ell) = \begin{cases} \dfrac{P_d^{(s)}(\boldsymbol{x}, \ell) g^{(s)}([\boldsymbol{z}_{j^{(s)}}^{(s)}] \mid \boldsymbol{x}, \ell)}{\kappa^{(s)}([\boldsymbol{z}_{j^{(s)}}^{(s)}])}, & j^{(s)} = 1, 2, \cdots, M^{(s)} \\ 1 - P_d^{(s)}(\boldsymbol{x}, \ell), & j^{(s)} = 0 \end{cases} \tag{6-20}$$

$$g^{(s)}([\boldsymbol{z}_{j^{(s)}}^{(s)}] \mid \boldsymbol{x}, \ell) = \varphi(h(\boldsymbol{x}); \underline{\boldsymbol{z}_{j^{(s)}}^{(s)}}, \boldsymbol{R}) - \varphi(h(\boldsymbol{x}); \overline{\boldsymbol{z}_{j^{(s)}}^{(s)}}, \boldsymbol{R}) \tag{6-21}$$

当第 $s$ 个传感器具有点量测时，即 $\boldsymbol{Z}_{+}^{(s)} \subseteq \mathbb{Z}$，$\boldsymbol{Z}_{+}^{(s)} = \{\boldsymbol{z}_{1}^{(s)}, \boldsymbol{z}_{2}^{(s)}, \cdots, \boldsymbol{z}_{M^{(s)}}^{(s)}\}$，那么量测更新系数 $\psi_{Z_{+}^{(s)}}^{(s, j^{(s)})}(\boldsymbol{x}, \ell)$的计算公式如下：

$$\psi_{Z_{+}^{(s)}}^{(s, j^{(s)})}(\boldsymbol{x}, \ell) = \begin{cases} \dfrac{P_{\mathrm{d}}^{(s)}(\boldsymbol{x}, \ell) g^{(s)}(\boldsymbol{z}_{j^{(s)}}^{(s)} \mid \boldsymbol{x}, \ell)}{\kappa^{(s)}(\boldsymbol{z}_{j^{(s)}}^{(s)})}, & j^{(s)} = 1, 2, \cdots, M^{(s)} \\ 1 - P_{\mathrm{d}}^{(s)}(\boldsymbol{x}, \ell), & j^{(s)} = 0 \end{cases} \tag{6-22}$$

式中，$g^{(s)}(\boldsymbol{z}_{j^{(s)}}^{(s)} | \boldsymbol{x}, \ell)$是标准量测似然函数。

对于 $\bar{p}_{+}^{(\xi)}(\boldsymbol{x}, \ell)$，多传感器量测更新系数 $\psi_{Z_{+}}^{(j^{(1:S)})}(\boldsymbol{x}, \ell)$在点粒子 $\boldsymbol{x}_{+,i}^{(\xi)(\ell)}$ 的计算公式与式(5－12)相同。平均量测更新系数 $\bar{\psi}_{Z_{+}}^{(\xi, j^{(1:S)})}(\ell)$的计算公式与式(5－13)相同。

**2. 重采样、航迹假设修剪与状态估计值提取**

本节算法的粒子重采样方法与 3.3.2 节方法相同。航迹假设修剪过程以及状态估计值提取方法与 4.3.2 节相同。

## 6.4　仿真实验与分析

本节通过仿真实验对上述方法进行验证，并对实验结果进行分析。仿真实验结果为 100 次蒙特卡罗实验的平均结果。仿真环境以及计算机配置与 3.4 节相同。多目标跟踪方法性能的评价指标主要包括势估计均值与标准差、包含值、体积值、OSPA 距离等。

### 6.4.1　不同似然近似下的箱粒子实现滤波对比

**1. 场景描述**

实验 6.4.1 的场景中，共有两个传感器位于极坐标系原点，一个具有区间量测，另一个具有点量测。量测向量由距离与方位角构成。场景中最多出现 6 个目标，它们可能新生或消亡。目标真实航迹如图 6.2 所示。真实航迹的起始状态、新生时刻、消亡时刻与实验 4.4 设置相同，如表 4.1 所示。目标状态向量 $\boldsymbol{x}_k = (\tilde{\boldsymbol{x}}_k^{\mathrm{T}}, \omega_k)^{\mathrm{T}}$ 由位置速度向量 $\tilde{\boldsymbol{x}}_k = (p_{x,k}, \dot{p}_{x,k}, p_{y,k}, \dot{p}_{y,k})^{\mathrm{T}}$ 以及转弯角

速度 $\omega_k$ 构成。

目标运动服从 3.4.1 节的匀速转弯模型。对于粒子滤波，目标状态转移模型可由式(3-40)～式(3-43)描述；对于箱粒子滤波，目标状态转移模型可由式(3-44)～式(3-45)描述。状态转移模型参数 $T_S$、$\sigma_u$、$\sigma_{\bar{\omega}}$ 的数值如表 6.1 所示。

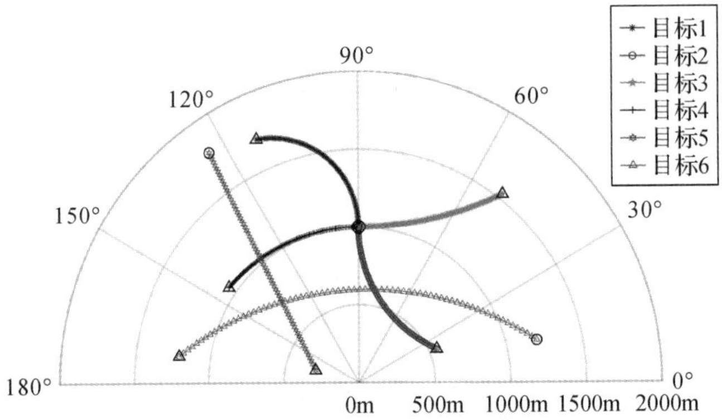


图 6.2 目标的真实航迹

**表 6.1 状态转移模型与量测模型参数**

| 参数 | 数值 | 单位 |
|---|---|---|
| $T_s$ | 1 | s |
| $\sigma_u$ | 5 | m/s$^2$ |
| $\sigma_{\bar{w}}$ | π/180 | rad/s |
| $\sigma_{\theta,1}$ | π/600 | rad |
| $\sigma_{\theta,2}$ | π/180 | rad |
| $\sigma_{r,1}$ | 3 | m |
| $\sigma_{r,2}$ | 1 | m |
| $\Delta\theta$ | π/30 | rad |
| $\Delta r$ | 60 | m |

两个传感器的量测模型由式(5-14)描述，其中量测噪声 $\boldsymbol{v}_{k,s}$ 为零均值高斯白噪声，其协方差为 $\boldsymbol{R}_{k,s}=\mathrm{diag}((\sigma_{\theta,s}^2, \sigma_{r,s}^2)^{\mathrm{T}})$。两个传感器中有一个具有区间量测，区间量测的定义为

$$[z_k] = [h(x_k) + v_k - 0.75\Delta,\ h(x_k) + v_k + 0.15\Delta] \tag{6-23}$$

式中，$\boldsymbol{\Delta}=(\Delta\theta,\ \Delta r)^{\mathrm{T}}$。量测参数 $\sigma_{\theta,1}$、$\sigma_{r,1}$、$\sigma_{\theta,2}$、$\sigma_{r,2}$、$\Delta\theta$、$\Delta r$ 的数值见表 6.1。

所有传感器具有相同的检测概率函数和杂波强度函数。检测概率函数由式(5-16)描述。杂波强度函数 $\kappa_k(z)$ 的形式与式(3-48)相同，其中杂波密度 $\lambda_c=1.6\times10^{-3}(\mathrm{rad}\cdot\mathrm{m})^{-1}$。新生过程 $\pi_{B,+}$ 可由式(3-50)描述，其参数与 3.4.1 节相同，示于表 3.3。目标存活概率 $P_{\mathrm{s}}(x_k)=0.99$。

GLMB 多目标概率密度函数中权值低于阈值 $\tau=10^{-5}$ 的航迹假设将被剔除，航迹假设个数的上限为 $H_{\max}=300$。箱粒子重采样数量 $N=40$。假设已知目标速度在[$-60$, 60] m/s 的范围内变化，针对目标位置速度向量$[\tilde{x}_k]$的约束传播算法如图 3.2 所示。

**2. 实验结果与分析**

本实验对比两种箱粒子实现方法，一种利用式(6-12)计算 $g(z|[x])$，而另一种利用式(6-6)计算 $g(z|[x])$。将采用式(6-6)的 BMJM 简称为 BMJM-A，将采用式(6-11)并取 $N=25$ 的 BMJM 简称为 BMJM-B25。

图 6.3 与图 6.4 给出了势估计均值与势估计标准差。图 6.5 给出了 BMJM-A 与 BMJM-B25 的 OSPA 距离($p=1$, $c=300$ m)。由势估计结果与 OSPA 距离可以看出，BMJM-A 无法正确估计目标数目与状态，BMJM-B25 对目标数目与状态的估计是准确的。这是由于 BMJM-A 在 6.2.2 节中将$h([x])$替换为$[h]([x])$($h([x])\subset[h]([x])$)，从而过分扩大了式(6-4)的积分区域，导致量测似然函数值过高。通过对比可以看出，6.2.2 节将 $h([x])$替换为$[h][x]$)所引起的误差是不可以忽略的。同时，用式(6-11)近似 $g(z|[x])$是有效的。

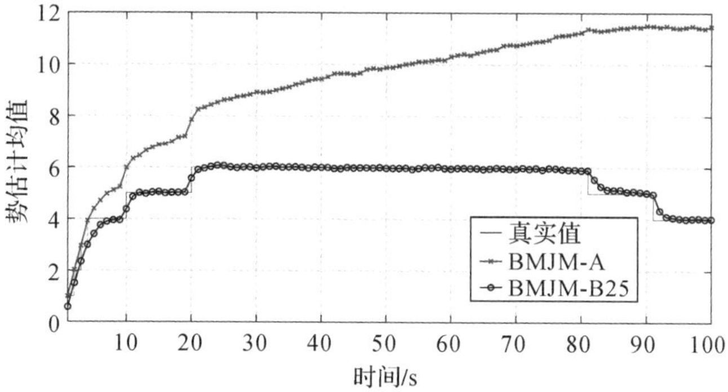


图 6.3　BMJM-A 与 BMJM-B25 的势估计均值

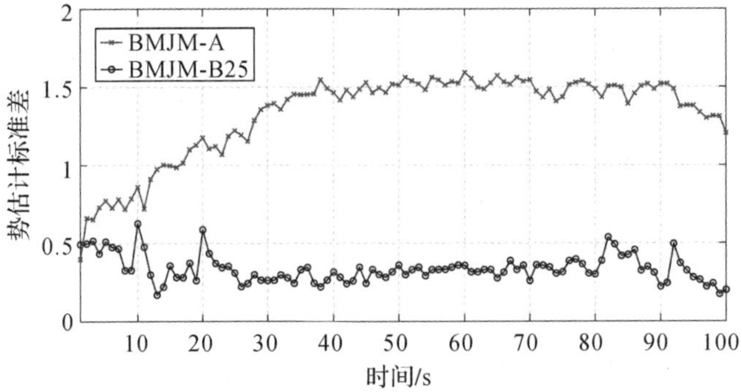


图 6.4 BMJM-A 与 BMJM-B25 的势估计标准差

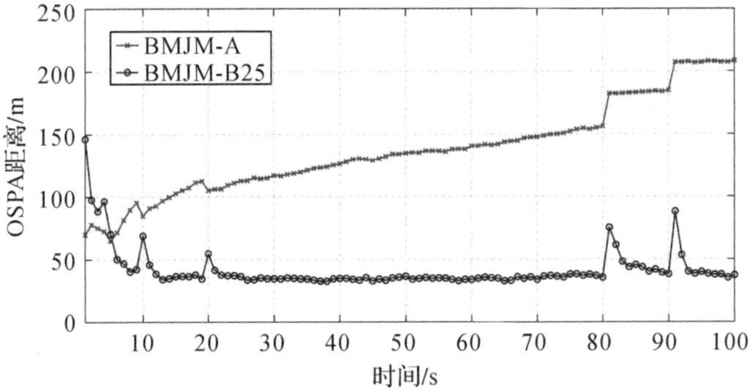


图 6.5 BMJM-A 与 BMJM-B25 的 OSPA 距离

图 6.6 与图 6.7 给出了 BMJM-B25 的单次运行结果。图 6.6 中灰色方框代表一个传感器的区间量测，橙色叉号代表另一个传感器的点量测，不同颜色和标志的符号代表不同目标的状态估计值。

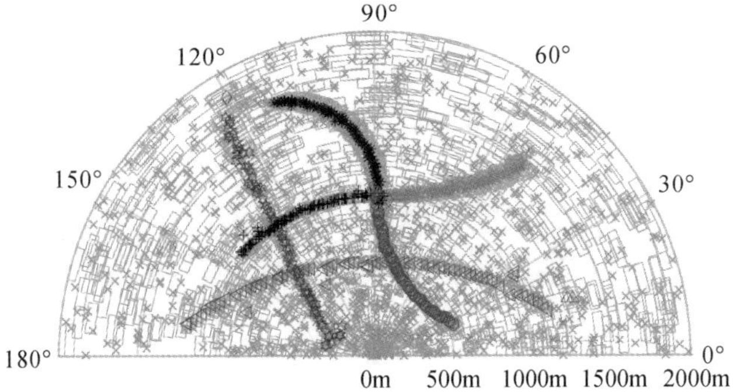


图 6.6 BMJM-B25 单次运行结果在极坐标系中示意图

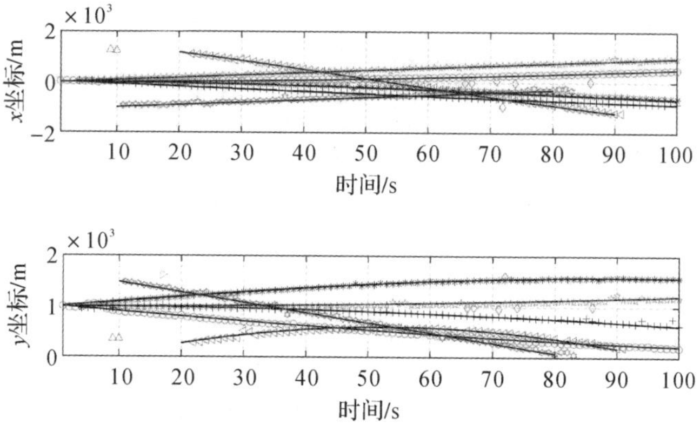


图 6.7　BMJM-B25 单次运行结果在 $x$、$y$ 方向示意图

## 6.4.2　似然近似 B 下不同箱粒子数滤波对比

本实验的场景设置与实验 6.4.1 的完全一致。下面是实验结果与分析。

本实验对比四种箱粒子实现方法，它们都采用式(6－12)，只是参数 $N$ 取值不同。将 $N=4$、9、25、100 时的 BMJM 分别简称为 BMJM-B4、BMJM-B9，BMJM-B25、BMJM-B100。

图 6.8 与图 6.9 给出了势估计均值与势估计标准差。图 6.10 给出了 OSPA 距离($p=1$，$c=300$ m)。可以看出，当 $N$ 取值较小，即 $N=4$、9、25 时，BMJM 的性能随着 $N$ 的增大而提升。然而，当 $N$ 增大到一定程度，即 $N=25$ 或 100 时，BMJM-B25 与 BMJM-B100 的势估计结果、OSPA 距离的曲线几乎相互重叠，此时 BMJM 的性能趋于稳定。此外，$N$ 越大需要的计算量也越大。BMJM-B25 平均运行时间为 50.41 s，而 BMJM-B100 平均运行时间为 69.36 s。通过多次仿真实验可以确定，当 $N=25$ 时，BMJM 的性能最好。

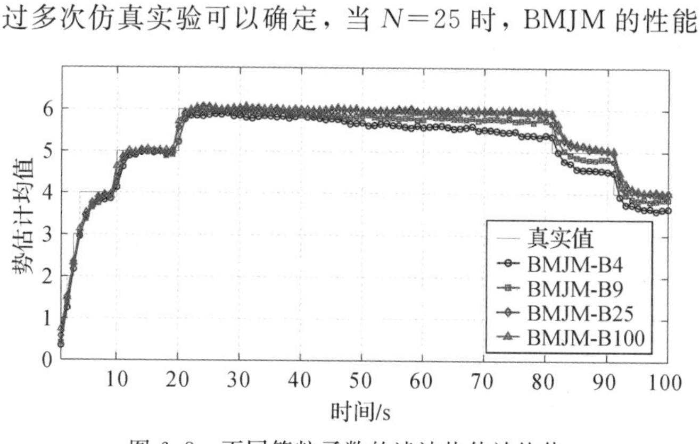


图 6.8　不同箱粒子数的滤波势估计均值

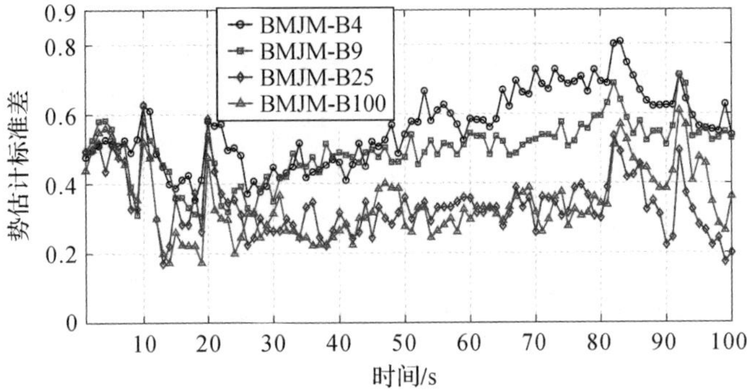


图 6.9 不同箱粒子数的滤波势估计标准差

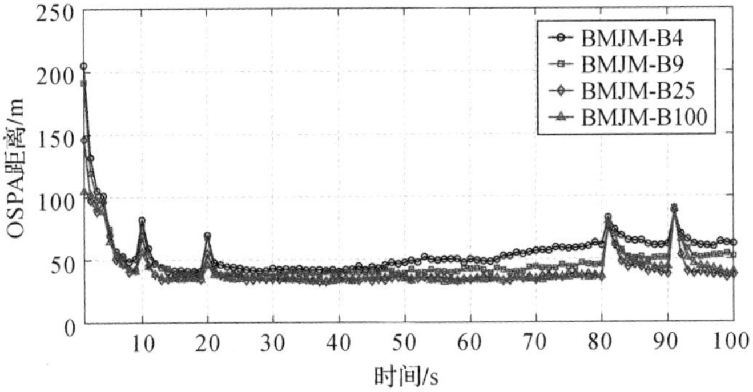


图 6.10 不同箱粒子数的滤波 OSPA 距离

## 6.4.3 箱粒子实现与粒子实现滤波对比

实验场景设置与实验 6.4.1 完全一致。下面是实验结果与分析。

本实验对比箱粒子实现方法与粒子实现方法。将使用 1000 个粒子来近似目标状态概率密度函数的 PMJM 简称为 PMJM-1，使用 2000 个粒子的简称为 PMJM-2，使用 5000 个粒子的简称为 PMJM-5。

图 6.11 与图 6.12 给出了 BMJM-B25、PMJM-1、PMJM-2、PMJM-5 的势估计均值与势估计标准差。可以看出，BMJM-B25、PMJM-2、PMJM-5 的势估计结果比 PMJM-1 的结果更准确。PMJM-1 倾向于低估目标数。BMJM-B25 的势估计均值曲线几乎与 PMJM-2、PMJM-5 的曲线相重叠。BMJM-B25 势估计标准差比 PMJM-2、PMJM-5 的高。

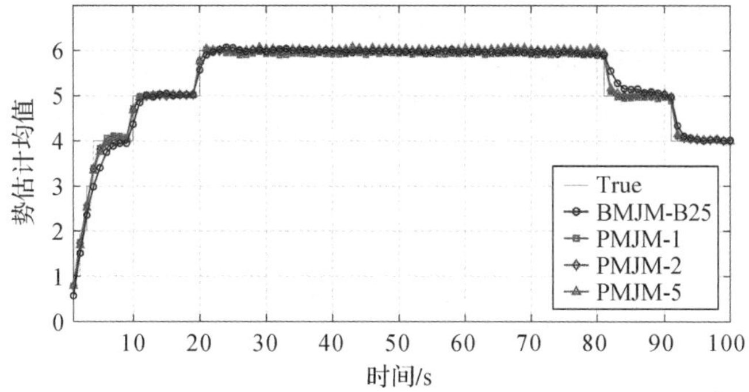


图 6.11　不同滤波方法的势估计均值

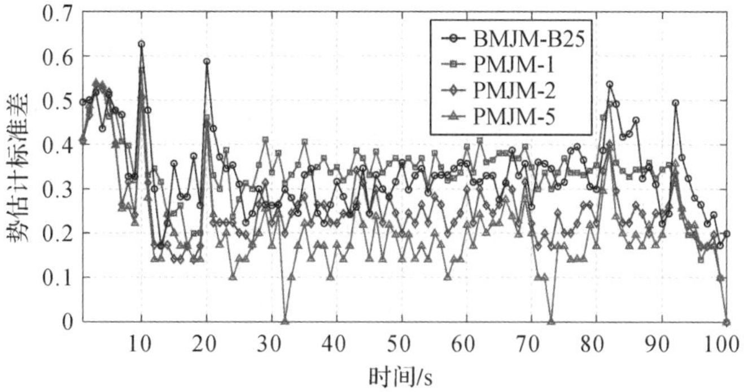


图 6.12　不同滤波方法的势估计标准差

图 6.13 给出了各实现方法的 OSPA 距离($p=1$，$c=300$ m)。可以看出，BMJM 的 OSPA 距离约为 PMJM 的两倍。这是由于式(3-44)中自然包含函数并不是最小的，从而导致 BMJM 有更高的定位误差。此外，从箱粒子得到的点估计值存在一定的偏差，这种偏差一方面是量测偏差引起的，另一方面是由于在计算式(6-11)时所用的粒子数有限。

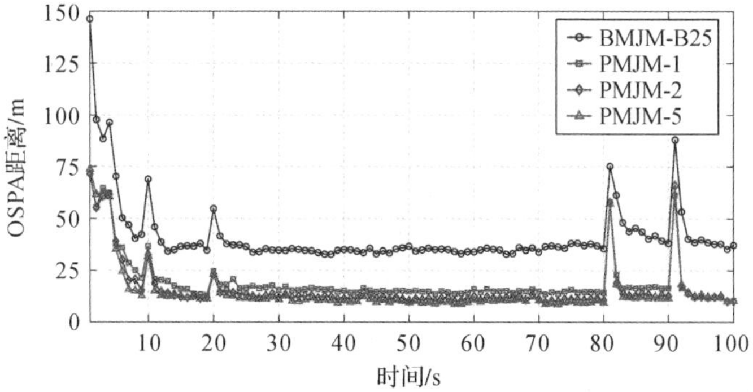


图 6.13　不同滤波方法的 OSPA 距离

图 6.14 和图 6.15 给出了各实现方法的包含值与体积值。可以看出，BMJM 的包含值与体积值都比 PMJM 的高。经统计，BMJM-B25 的包含值比 PMJM-1、PMJM-2、PMJM-5 的包含值平均分别高出 32.9%、14.9% 和 6.3%。

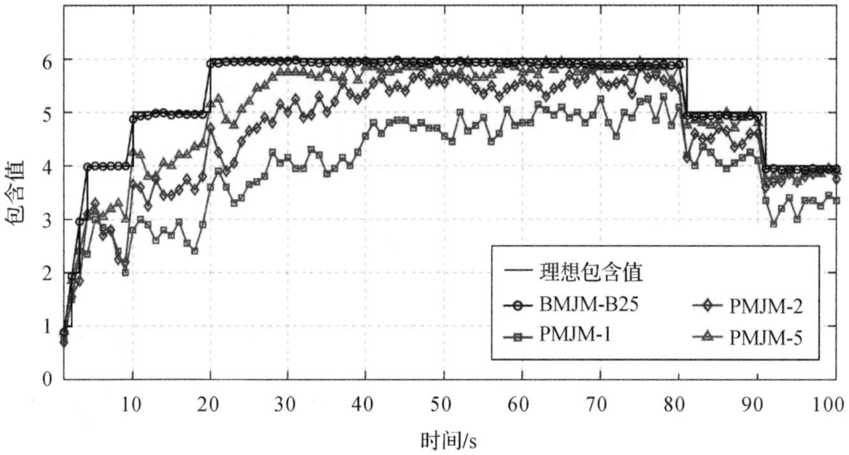


图 6.14　不同滤波方法的包含值

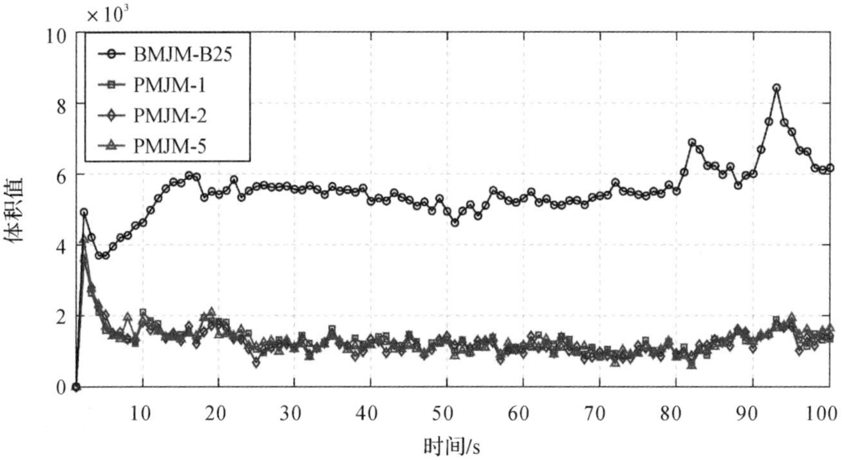


图 6.15　不同滤波方法的体积值

表 6.2 给出了 BMJM-B25、PMJM-1、PMJM-2、PMJM-5 的平均运行时间，可以看出 BMJM-B25 是最省时的跟踪算法。PMJM-1、PMJM-2、PMJM-5 的平均运行时间随粒子数增加而增加。

表 6.2　不同滤波方法的平均运行时间

| 跟踪算法 | 运行时间/s |
|---|---|
| BMJM-B25 | 50.41 |
| PMJM-1 | 64.98 |
| PMJM-2 | 107.46 |
| PMJM-5 | 376.61 |

综上所述，PMJM-1 将目标数低估，且包含值较低。BMJM-B25、PMJM-2、PMJM-5 的综合性能更令人满意。BMJM-B25 的运行时间仅为 PMJM-2 运行时间的 47%，PMJM-5 运行时间的 13%。

## 6.4.4　混合量测与区间量测箱粒子滤波对比

实验场景设置与实验 6.4.1 完全一致。下面是实验结果与分析。

本实验对比两种箱粒子实现方法，一种是本章箱粒子实现方法 BMJM-B25，另一种是第 5 章的箱粒子实现方法 BPI-MS-JGLMB。将第 5 章方法应用于本章场景前，只需要先利用 $3\sigma$ 区间将点量测转化为区间量测。

图 6.16 与图 6.17 分别给出了这两种方法的势估计均值与势估计标准差。可以看出，BPI-MS-JGLMB 的势估计性能较差，比 BMJM-B25 更倾向于过估目标数。然而，BPI-MS-JGLMB 的势估计标准差在多数采样时刻比 BMJM-B25 的标准差低。

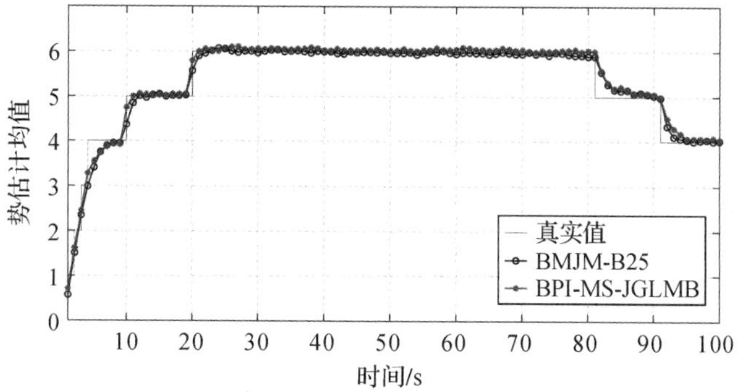


图 6.16　BPI-MS-JGLMB 和 BMJM-B25 的势估计均值

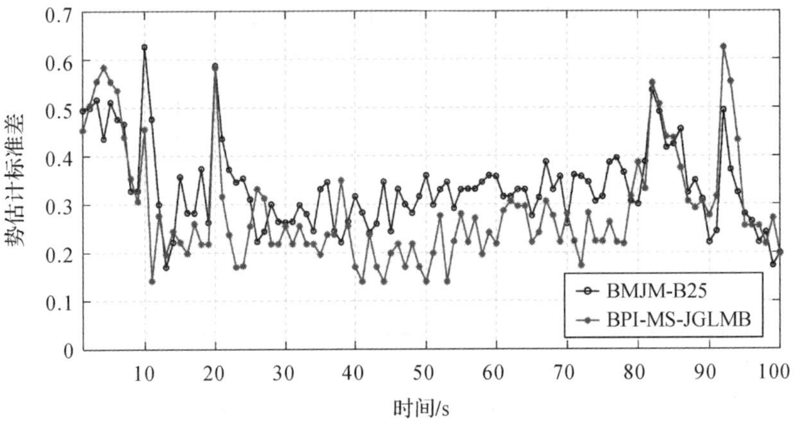


图 6.17 BPI-MS-JGLMB 和 BMJM-B25 的势估计标准差

图 6.18 给出了 BPI-MS-JGLMB 与 BMJM-B25 的 OSPA 距离($p=1$, $c=300$ m)。可以看出，前者的 OSPA 距离大于后者。这是因为 BMJM-B25 在使用量测似然函数 $g(\boldsymbol{z}|[\boldsymbol{x}])$时，不能对箱粒子施加约束以减小其不确实性，从而导致较大的误差。

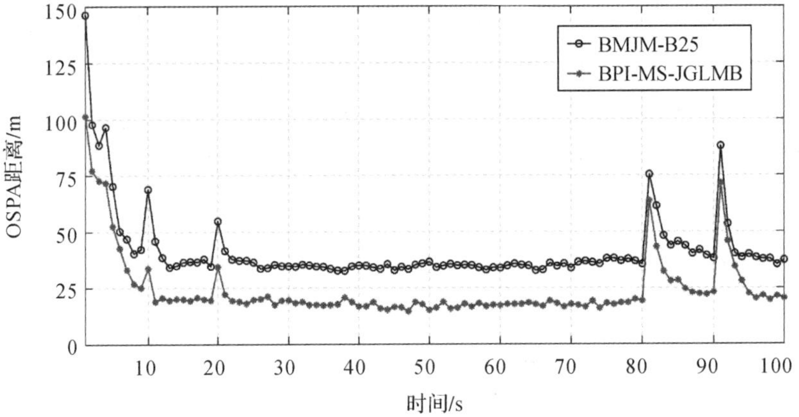


图 6.18 BPI-MS-JGLMB 和 BMJM-B25 的 OSPA 距离

图 6.19 与图 6.20 给出了 BPI-MS-JGLMB 与 BMJM-B25 的包含值与体积值。可以看出二者的包含值水平相当，而 BMJM-B25 的体积值高于 BPI-MS-JGLMB。这是因为在 BMJM-B25 中，箱粒子遇到点量测不收缩；而在 BPI-MS-JGLMB 中，箱粒子遇到点量测后会受到点量测 $3\sigma$ 区间的约束而收缩，因此体积更小。

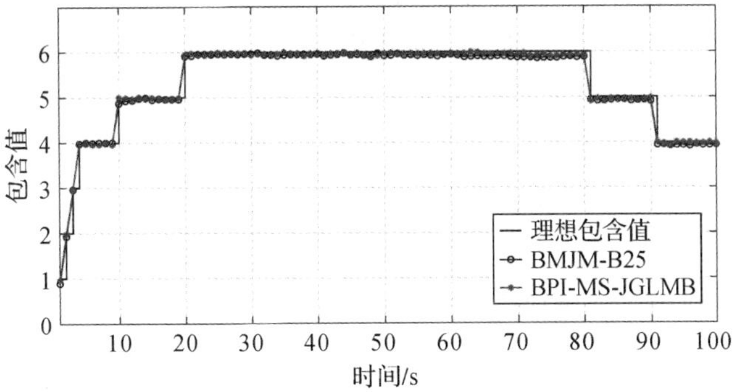


图 6.19　BPI-MS-JGLMB 和 BMJM-B25 的包含值

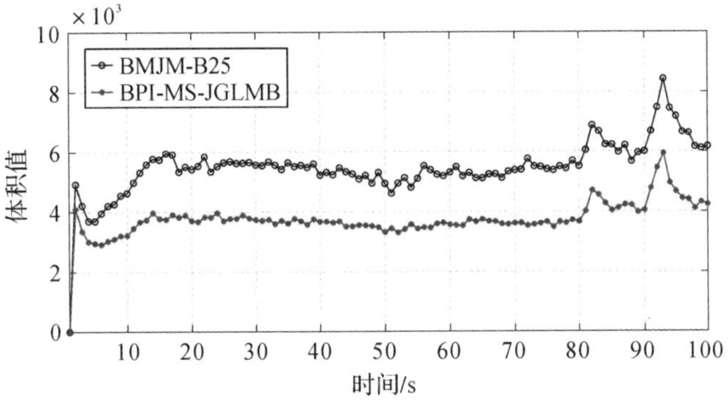


图 6.20　BPI-MS-JGLMB 和 BMJM-B25 的体积值

BMJM-B25 平均运行时间为 50.41 s，而 BPI-MS-JGLMB 为 102.54 s。虽然 BMJM-B25 的误差比 BPI-MS-JGLMB 更高，但是前者的速度比后者更快。BPI-MS-JGLMB 运行速度较慢是因为任意箱粒子不仅受区间量测约束而收缩，还会受加了 $3\sigma$ 区间的点量测约束而收缩，这会产生大量收缩而成的箱粒子变体。而对于 BMJM-B25，任意箱粒子只在与区间量测相关联时才受其约束而收缩，如式(6－18)所示。如果箱粒子未关联给任何量测，或关联给点量测，那么它就不会收缩，这样产生的箱粒子变体会更少。因此，BMJM-B25 的误差更大，但是速度更快，更适合本章所针对的场景。

## 6.5　本章小结

在同时存在区间量测和点量测的情况下，虽然 PMJM 算法可以解决多目标跟踪问题，但是其计算负担较重，实时性较差。为减轻计算负担，本章介绍了两种方法。一种方法是先将点量测转化为区间量测，再应用第 5 章 BPI-MS-JGLMB 算法以解决所考虑情况下多目标跟踪的问题；另一种方法是利用量测似然函数 $g(\boldsymbol{z}\mid[\boldsymbol{x}])$ 与 $g([\boldsymbol{z}]\mid\boldsymbol{x})$ 分别处理点量测与区间量测，从而得出 BMJM 算法以解决问题。仿真实验结果表明，BMJM 算法具有比 PMJM 算法、BPI-MS-JGLMB 算法更快的运行速度，其代价是跟踪精度的降低。因此，BMJM 算法更适用于实时性优先级更高的应用。

# 附　录

## 附录 A　符号对照表

| 符号 | 符号名称 |
|---|---|
| $\mathbb{X}$ | 目标状态空间 |
| $\mathbb{Z}$ | 量测空间 |
| $\mathbb{I}\mathbb{Z}$ | 量测空间 $\mathbb{Z}$ 所有连通闭子集的集合 |
| $\mathbb{L}$ | 标签空间 |
| $\mathbb{X}\times\mathbb{L}$ | 空间$\mathbb{X}$与空间$\mathbb{L}$的笛卡尔积 |
| $\mathbb{R}$ | 实数空间 |
| $\mathbb{I}\mathbb{R}$ | 实数空间 $\mathbb{R}$ 所有连通闭子集的集 |
| $\mathbb{N}$ | 自然数空间 |
| $\|A\|$ | 任一集合 $A$ 的势 |
| $0:k$ | 序列$\{0, 1, \cdots, k\}$ |
| $\ell$ | 标签 |
| $\boldsymbol{x}$ | 无标签目标状态 |
| $\hat{\boldsymbol{x}}$ | 有标签目标状态 |
| $X$ | 无标签多目标状态集合 |
| $\boldsymbol{X}_k$ | $k$ 时刻有标签多目标状态集合 |
| $\boldsymbol{X}_{0:k}$ | 0 到 $k$ 时刻累积多目标状态集合 |

**续表**

| 符号 | 符号名称 |
|---|---|
| $Z_k$ | $k$ 时刻量测集合 |
| $Z_{0:k}$ | 0 到 $k$ 时刻累积量测集合 |
| $Z^{(s)}$ | 第 $s$ 个传感器的量测集合 |
| $\delta_Y(X)$ | 广义克罗内克 $\delta$ 函数 |
| $1_Y(X)$ | 广义指示函数 |
| $\Delta(X)$ | 标签各异性指示函数 |
| $f^X$ | 多目标指数函数 |
| $\theta(\ell)$ | 关联映射 |
| $\Theta$ | 关联映射空间 |
| $\xi$ | 关联映射历史 |
| $\Xi_k$ | 关联映射历史空间 |
| $w[\boldsymbol{x}]$ | 箱粒子$[\boldsymbol{x}]$的宽度 |
| $m[\boldsymbol{x}]$ | 箱粒子$[\boldsymbol{x}]$的中心点 |
| $\Vert[\boldsymbol{x}]\Vert$ | 箱粒子$[\boldsymbol{x}]$的体积 |
| $\rho_k$ | $k$ 时刻包含值 |
| $\nu_k$ | $k$ 时刻体积值 |
| $\boldsymbol{\varrho}$ | 箱分辨率向量 |

## 附录 B 部分缩略语对照表

| 缩略语 | 英文全称 | 中文含义 |
|---|---|---|
| MTT | Multiple Target Tracking | 多目标跟踪 |
| WSN | Wireless Sensor Network | 无线传感器网络 |
| BPF | Box Particle Filtering | 箱粒子滤波 |
| PF | Particle Filtering | 粒子滤波 |
| RFS | Random Finite Set | 随机有限集 |
| PDF | Probability Density Function | 概率密度函数 |
| NN | Nearest Neighbor | 最近邻 |
| GNN | Global Nearest Neighbor | 全局最近邻 |
| JPDA | Joint Probabilistic Data Association | 联合概率数据关联 |
| MHT | Multiple Hypothesis Tracking | 多假设跟踪 |
| PHD | Probability Hypothesis Density | 概率假设密度 |
| CPHD | Cardinalized PHD | 集势概率假设密度 |
| MeMBer | Multi-Target Multi-Bernoulli | 多目标多伯努利 |
| CBMeMBer | Cardinality Balanced MeMBer | 势均衡多目标多伯努利 |
| LMB | Labeled Multi-Bernoulli | 标签多伯努利 |
| GLMB | Generalized Labeled Multi-Bernoulli | 广义标签多伯努利 |
| JGLMB | Joint Prediction and Update GLMB | 联合预测与更新 GLMB |
| MS-JGLMB | Multi-Sensor JGLMB | 多传感器 JGLMB |
| MCMC | Markov Chain Monte Carlo | 马尔可夫链蒙特卡罗 |
| GM | Gaussian Mixture | 高斯混合 |
| SMC | Sequential Monte Carlo | 序贯蒙特卡罗 |
| FISST | Finite Set Statistics | 随机集统计 |
| BPI | Box Particle Implementation | 箱粒子实现 |
| PI | Particle Implementation | 粒子实现 |
| OSPA | Optimal Subpattern Assignment | 最优子模式分配 |

# 参考文献


[1] VO B N, MALLICK M, BAR-Shalom Y, et al. Multi-target tracking [M]. Wiley Encyclopedia of Electrical and Electronics Engineering. Wiley, 2015.

[2] HENKE D, DOMINGUEZ E M, SMALL D, et al. Moving target tracking in single- and multi-channel SAR[J]. IEEE Transactions on Geoscience and Remote Sensing, 2015, 53(6): 3146 - 3159.

[3] MCQUINN I H, WINGER P D. Tilt angle and target strength: target tracking of Atlantic cod (Gadus morhua) during trawling [J]. Ices Journal of Marine Science, 2003, 60(3): 575 - 583.

[4] ZHOU K, ROUMELIOTIS S I. Multirobot active target tracking with combinations of relative observations [J]. IEEE Transactions on Robotics, 2011, 27(4): 678 - 695.

[5] HOSEINNEZHAD R, VO B N, VO B T, et al. Visual tracking of numerous targets via multi-Bernoulli filtering of image data[J]. Pattern Recognition, 2012, 45(10): 3625 - 3635.

[6] PETROVSKAYA A, THRUN S. Model based vehicle detection and tracking for autonomous urban driving[J]. Autonomous Robots, 2009, 26(2 - 3): 123 - 139.

[7] LI K, MILLER E D, CHEN M, et al. Cell population tracking and lineage construction with spatiotemporal context [J]. Medical Image Analysis, 2008, 12(5): 546 - 566.

[8] PETIT A, MARCHAND E, KANANI K. Tracking complex targets for space rendezvous and debris removal applications [C]. 2012 IEEE/Rsj International Conference on Intelligent Robots and Systems. IEEE, 2012: 4483 - 4488.

[9] MILANESE M, VICINO A. Optimal estimation theory for dynamic systems with set membership uncertainty: an overview[J]. Automatica, 1991, 27(6): 997 - 1009.

[10] COMBETTES P L. Foundations of set theoretic estimation [J].

Proceedings of the IEEE 2004 Radar Conference, 1993, 81 (2): 182 - 208.

[11] MAHLER R P S. Statistical multisource-multitarget information fusion [M]. Artech House, 2007.

[12] MAHLER R P S. Advances in statistical multisource-multitarget information fusion[M]. Artech House, 2014.

[13] BLACKMAN S. Multiple hypothesis tracking for multiple target tracking[J]. IEEE Aerospace and Electronic Systems Magazine, 2004, 19(1): 5 - 18.

[14] BAR-SHALOM Y, LI X R. Multitarget-multisensor tracking: principles and techniques[M]. Boston: Artech House, 1995.

[15] BLACKMAN S, POPOLI R. Design and analysis of modern tracking systems[M]. Artech House, 1999.

[16] BAR-SHALOM Y, WILLETT P K, TIAN X. Tracking and data fusion[M]. Springer-Verlag, 2011.

[17] FORTMANN T, BAR-SHALOM Y, SCHEFFE M. Sonar tracking of multiple targets using joint probabilistic data association[J]. IEEE Journal of Oceanic Engineering, 1983, 8(3): 173 - 184.

[18] REID D. An algorithm for tracking multiple targets [J]. IEEE transactions on Automatic Control, 1979, 24(6): 843 - 854.

[19] DANCHICK R, NEWNAM G E. Reformulating Reid's MHT method with generalised Murty Kbest ranked linear assignment algorithm[J]. IEEE Proceedings-Radar, Sonar and Navigation, 2006, 153 (1): 13 - 22.

[20] MAHLER R P S. Multi-target bayes filtering via first-order multi-target moments[J]. IEEE Transactions on Aerospace and Electronic Systems, 2003, 39(4): 1152 - 1178.

[21] MAHLER R P S. PHD filters of higher order in target number[J]. IEEE Transactions on Aerospace and Electronic Systems, 2007, 43 (4): 1523 - 1543.

[22] VO B T, VO B N, CANTONI A. The cardinality balanced multi-target multi-bernoulli filter and its implementations [J]. IEEE Transactions on Signal Processing, 2009, 57(2): 409 - 423.

[23] VO B T, VO B N. Labeled random finite sets and multi-object

conjugate priors[J]. IEEE Transactions on Signal Processing, 2013, 61(13): 3460-3475.

[24] VO B N, VO B T, PHUNG D. Labeled random finite sets and the bayes multi-target tracking filter[J]. IEEE Transactions on Signal Processing, 2014, 62(24): 6554-6567.

[25] VO B N, VO B T, HOANG H G. An efficient implementation of the generalized labeled multi-bernoulli filter[J]. IEEE Transactions on Signal Processing, 2017, 65(8): 1975-1987.

[26] REUTER S, VO B T, VO B N, et al. The labeled multi-bernoulli filter[J]. IEEE Transactions on Signal Processing, 2014, 62(12): 3246-3260.

[27] MAHLER R P S. "Statistics 101" for multi-sensor, multi-target data fusion[J]. IEEE Aerospace and Electronic Systems Magazine, 2004, 19(1): 53-64.

[28] 庄泽森，张建秋，尹建君. Rao-Blackwellized 粒子概率假设密度滤波算法[J]. 航空学报，2009，30(4)：698-705.

[29] 连峰，韩崇昭，刘伟峰，等. 多模型概率假设密度平滑器[J]. 自动化学报，2010，36(7)：939-950.

[30] 童慧思，张颢，孟华东，等. PHD 滤波器在多目标检测前跟踪中的应用[J]. 电子学报，2011，39(9)：2046-2051.

[31] 张俊根，姬红兵. 高斯混合粒子 PHD 滤波被动测角多目标跟踪[J]. 控制与决策，2011，26(3)：413-417.

[32] 林再平，周一宇，安玮. 改进的概率假设密度滤波多目标检测前跟踪算法[J]. 红外与毫米波学报，2012，31(5)：475-480.

[33] 吕学斌，周群彪，陈正茂，等. 高斯混合概率假设密度滤波器在多目标跟踪中的应用[J]. 计算机学报，2012，35(2)：2397-2404.

[34] 欧阳成，姬红兵，郭志强. 改进的多模型粒子 PHD 和 CPHD 滤波算法[J]. 自动化学报，2012，38(3)：341-348.

[35] 杨峰，王永齐，梁彦，等. 基于概率假设密度滤波方法的多目标跟踪技术综述[J]. 自动化学报，2013，39(11)：1944-1956.

[36] 李翠芸，江舟，姬红兵. 一种新的未知杂波环境下的 PHD 滤波器[J]. 西安电子科技大学学报，2014，41(5)：18-23.

[37] 宋骊平，严超，姬红兵，等. 基于箱粒子的多扩展目标 PHD 滤波[J]. 控制与决策，2015，30(10)：1759-1765.

[38] CLARK D E, BELL J. Data association for the PHD filter[C]. 2005

International Conference on Intelligent Sensors, Sensor Networks and Information Processing. IEEE, 2005.

[39] VO B N, SINGH S, DOUCET A. Sequential monte carlo methods for multi-target filtering with random finite sets[J]. IEEE Transactions on Aerospace and Electronic Systems, 2005, 41(4): 1224 - 1245.

[40] PANTA K, VO B N, SINGH S, et al. Probability hypothesis density filter versus multiple hypothesis tracking[C]. Conference on Signal Processing, Sensor Fusion, and Target Recognition XIII: Vol 5429. Spie-Int Soc Optical Engineering, 2004, 5429: 284 - 295.

[41] CLARK D E, BELL J. Convergence results for the particle PHD filter [J]. IEEE Transactions on Signal Processing, 2006, 54(7): 2652 - 2661.

[42] CLARK D, VO B N. Convergence analysis of the Gaussian mixture PHD filter[J]. IEEE Transactions on Signal Processing, 2007, 55(4): 1204 - 1212.

[43] CLARK D E, BELL J. Multi-target state estimation and track continuity for the particle PHD filter[J]. IEEE Transactions on Aerospace and Electronic Systems, 2007, 43(4): 1441 - 1453.

[44] TOBIAS M, LANTERMAN A D. Techniques for birth-particle placement in the probability hypothesis density particle filter applied to passive radar[J]. IET Radar Sonar and Navigation, 2008, 2(5): 351 - 365.

[45] ERDINC O, WILLETT P, BAR-SHALOM Y. The bin-occupancy filter and its connection to the PHD filters[J]. IEEE Transactions on Signal Processing, 2009, 57(11): 4232 - 4246.

[46] LIN L, BAR-SHALOM Y, KIRUBARAJAN T. Track labeling and PHD filter for multi-target tracking[J]. IEEE Transactions on Aerospace and Electronic Systems, 2006, 42(3): 778 - 795.

[47] CLARK D E, PANTA K, VO B-N. The GM-PHD filter multiple target tracker[C]. Proceedings of the 9th International Conference on Information Fusion. IEEE, 2006: 1 - 8.

[48] ERDINC O, WILLETT P, BAR-SHALOM Y. A physical-space approach for the probability hypothesis density and cardinalized probability hypothesis density filters[M]. Signal and Data Processing of Small Targets 2006. Spie-Int Soc Optical Engineering, 2006.

[49] PANTA K, CLARK D E, VO B N. Data association and track

management for the Gaussian mixture probability hypothesis density filter[J]. IEEE Transactions on Aerospace and Electronic Systems, 2009, 45(3).

[50] CLARK D, GODSILL S. Group target tracking with the Gaussian mixture probability hypothesis density filter[C]. Proceedings of the 2007 International Conference on Intelligent Sensors, Sensor Networks and Information Processing. IEEE, 2007: 149 - 154.

[51] LIAN F, HAN C Z, LIU W F. Estimating unknown clutter intensity for PHD filter[J]. IEEE Transactions on Aerospace and Electronic Systems, 2010, 46(4): 2066 - 2078.

[52] LIU W F, HAN C Z, LIAN F, et al. Multi-target state extraction for the PHD filter using MCMC approach[J]. IEEE Transactions on Aerospace and Electronic Systems, 2010, 46(2): 864 - 883.

[53] VO B N, PASHA A, TUAN H D. A Gaussian mixture PHD filter for nonlinear jump Markov models[C]. IEEE Conference on Decision and Control: Proceedings of the 45th IEEE Conference on Decision and Control, Vols 1 - 14. IEEE, 2006: 3162.

[54] PASHA S A, VO B-N, TUAN H D, et al. A Gaussian mixture PHD filter for jump Markov system models[J]. IEEE Transactions on Aerospace and Electronic Systems, 2009, 45(3).

[55] WHITELEY N, SINGH S, GODSILL S. Auxiliary particle implementation of probability hypothesis density filter[J]. IEEE Transactions on Aerospace and Electronic Systems, 2010, 46(3): 1437 - 1454.

[56] LI W L, JIA Y M. Gaussian mixture PHD filter for jump Markov models based on best-fitting Gaussian approximation[J]. Signal Processing, 2011, 91(4): 1036 - 1042.

[57] ZHANG Y Q, JI H B. A novel fast partitioning algorithm for extended target tracking using a Gaussian mixture PHD filter[J]. Signal Processing, 2013, 93(11): 2975 - 2985.

[58] LI T C, SUN S D, SATTAR T P. High-speed Sigma-gating SMC-PHD filter[J]. Signal Processing, 2013, 93(9): 2586 - 2593.

[59] ZHENG Y M, SHI Z G, LU R X, et al. An efficient data-driven particle PHD filter for multitarget tracking[J]. IEEE Transactions on

Industrial Informatics, 2013, 9(4): 2318 - 2326.
[60] LIAN F, HAN C Z, LIU W F, et al. Sequential Monte Carlo implementation and state extraction of the group probability hypothesis density filter for partly unresolvable group targets-tracking problem [J]. IET Radar Sonar and Navigation, 2010, 4(5): 685 - 702.
[61] LI Y X, XIAO H T, SONG Z Y, et al. A new multiple extended target tracking algorithm using PHD filter[J]. Signal Processing, 2013, 93 (12): 3578 - 3588.
[62] TANG X, CHEN X, MCDONALD M, et al. A multiple-detection probability hypothesis density filter[J]. IEEE Transactions on Signal Processing, 2015, 63(8): 2007 - 2019.
[63] OUYANG C, JI H B, GUO Z Q. Extensions of the SMC-PHD filters for jump Markov systems[J]. Signal Processing, 2012, 92(6): 1422 - 1430.
[64] GRANSTRÖM K, LUNDQUIST C, ORGUNER O. Extended target tracking using a Gaussian-mixture PHD filter[J]. IEEE Transactions on Aerospace and Electronic Systems, 2012, 48(4): 3268 - 3286.
[65] GRANSTRÖM K, NATALE A, BRACA P, et al. Gamma gaussian inverse wishart probability hypothesis density for extended target tracking using X-band marine radar data[J]. IEEE Transactions on Geoscience and Remote Sensing, 2015, 53(12): 6617 - 6631.
[66] ZHANG Y Q, JI H B. A robust and fast partitioning algorithm for extended target tracking using a Gaussian inverse Wishart PHD filter [J]. Knowledge-Based Systems, 2016, 95: 125 - 141.
[67] ZHANG Y Q, JI H B, HU Q. A box-particle implementation of standard PHD filter for extended target tracking [J]. Information Fusion, 2017, 34: 55 - 69.
[68] LIU L, JI H B, FAN Z H. Improved iterated-corrector PHD with Gaussian mixture implementation[J]. Signal Processing, 2015, 114: 89 - 99.
[69] ZHANG Y Q, JI H B, HU Q. A fast ellipse extended target PHD filter using box-particle implementation[J]. Mechanical Systems and Signal Processing, 2018, 99: 57 - 72.
[70] HU Q, JI H B, ZHANG Y Q. A standard PHD filter for joint tracking

and classification of maneuvering extended targets using random matrix [J]. Signal Processing, 2018, 144: 352-363.

[71] VO B N, SINGH S, DOUCET A. Sequential monte carlo implementation of the PHD filter for multi-target tracking [C]. Proceedings of the 6th International Conference on Information Fusion. Int Soc Information Fusion, 2003: 792-799.

[72] PANTA K, VO B-N, SINGH S. Novel data association schemes for the probability hypothesis density filter[J]. Aerospace and Electronic Systems, IEEE Transactions on, 2007, 43(2): 556-570.

[73] VO B N, MA W K. The Gaussian mixture probability hypothesis density filter[J]. IEEE Transactions on Signal Processing, 2006, 54 (11): 4091-4104.

[74] PUNITHAKUMAR K, KIRUBARAJAN T, SINHA A. Multiple-model probability hypothesis density filter for tracking maneuvering targets[J]. IEEE Transactions on Aerospace and Electronic Systems, 2008, 44(1): 87-98.

[75] MAHLER R P S. PHD filters for nonstandard targets, I: Extended targets [C]. Proceedings of the 12th International Conference on Information Fusion. IEEE, 2009: 915-921.

[76] MAHLER R P S. PHD filters for nonstandard targets, II: Unresolved targets [C]. Proceedings of the 12th International Conference on Information Fusion. IEEE, 2009: 922-929.

[77] MAHLER R P S. The multi-sensor PHD filter: I. General solution via multi-target calculus[C]. Proceedings of SPIE-the International Society for Optical Engineering. 2009.

[78] HERO A O, KREUCHER C M, BLATT D. Information theoretic approaches to sensor management[M]. Berlin Springer, 2008: 33-57.

[79] RISTIC B, VO B-N, CLARK D. A note on the reward function for PHD filters with sensor control[J]. IEEE Transactions on Aerospace and Electronic Systems, 2011, 47(2): 1521-1529.

[80] GRANSTRÖM K, ORGUNER U. A PHD filter for tracking multiple extended targets using random matrices[J]. IEEE Transactions on Signal Processing, 2012, 60(11): 5657-5671.

[81] UNEY M, CLARK D E, JULIER S J. Distributed fusion of PHD

filters via exponential mixture densities[J]. IEEE Journal of Selected Topics in Signal Processing, 2013, 7(3): 521-531.

[82] LI T C, SUN S D, BOLIC M, et al. Algorithm design for parallel implementation of the SMC-PHD filter[J]. Signal Processing, 2016, 119: 115-127.

[83] FRANKEN D, SCHMIDT M, ULMKE M. "Spooky action at a distance" in the cardinalized probability hypothesis density filter[J]. IEEE Transactions on Aerospace and Electronic Systems, 2009, 45(4): 1657-1664.

[84] 欧阳成，姬红兵，张俊根. 一种改进的CPHD多目标跟踪算法[J]. 电子与信息学报，2010，32(9)：2112-2118.

[85] 周卫东，张鹤冰，吉宇人. 基于SMC-CPHD的多目标跟踪算法研究[J]. 宇航学报，2012，33(4)：443-450.

[86] 林再平，周一宇，安玮. 基于势概率假设密度滤波的检测前跟踪新算法[J]. 红外与毫米波学报，2013，32(5)：437-443.

[87] 章涛，吴仁彪. 自适应门限GM-CPHD多目标跟踪算法[J]. 数据采集与处理，2014，29(4)：549-554.

[88] 李翠芸，林锦鹏，姬红兵. 一种基于椭圆RHM的扩展目标Gamma高斯混合CPHD滤波器[J]. 控制与决策，2015，30(9)：1551-1558.

[89] VO B T, VO B N, CANTONI A. The cardinalized probability hypothesis density filter for linear Gaussian multi-target models[C]. The 40th Annual Conference on Information Sciences and Systems. IEEE, 2006: 681-686.

[90] LIAN F, HAN C Z, LIU W F, et al. Unified cardinalized probability hypothesis density filters for extended targets and unresolved targets[J]. Signal Processing, 2012, 92(7): 1729-1744.

[91] NANNURU S, COATES M, MAHLER R. Computationally-tractable approximate PHD and CPHD filters for superpositional sensors[J]. IEEE Journal of Selected Topics in Signal Processing, 2013, 7(3): 410-420.

[92] YANG J L, JI H B. A novel track maintenance algorithm for PHD/CPHD filter[J]. Signal Processing, 2012, 92(10): 2371-2380.

[93] BATTISTELLI G, CHISCI L, FANTACCI C, et al. Consensus CPHD filter for distributed multi-target tracking[J]. IEEE Journal of

Selected Topics in Signal Processing, 2013, 7(3): 508 - 520.

[94] ZHANG H J, JING Z L, HU S Q. Gaussian mixture CPHD filter with gating technique[J]. Signal Processing, 2009, 89(8): 1521 - 1530.

[95] POLLARD E, PANNETIER B, ROMBAUT M. Hybrid algorithms for multitarget tracking using MHT and GM-CPHD [J]. IEEE Transactions on Aerospace and Electronic Systems, 2011, 47(2): 832 - 847.

[96] SAUCAN A A, CHONAVEL T, SINTES C, et al. CPHD-DOA tracking of multiple extended sonar targets in impulsive environments [J]. IEEE Transactions on Signal Processing, 2016, 64(5): 1147 - 1160.

[97] LIAN F, HAN C Z, LIU W F, et al. Joint spatial registration and multi-target tracking using an extended PM-CPHD filter[J]. Science China-Information Sciences, 2012, 55(3): 501 - 511.

[98] BRYANT D S, DELANDE E D, GEHLY S, et al. The CPHD filter with target spawning[J]. IEEE Transactions on Signal Processing, 2017, 65(5): 1324 - 1338.

[99] GARCIA-FERNANDEZ A F, VO B N. Derivation of the PHD and CPHD filters based on direct KullbackLeibler divergence minimization [J]. IEEE Transactions on Signal Processing, 2015, 63(21): 5812 - 5820.

[100] SVENSSON D, WINTENBY J, SVENSSON L. Performance evaluation of MHT and GM-CPHD in a ground target tracking scenario [C]. Proceedings of the 12th International Conference on Information Fusion. IEEE, 2009: 300.

[101] LI C M, WANG W G, KIRUBARAJAN T, et al. PHD and CPHD filtering with unknown detection probability[J]. IEEE Transactions on Signal Processing, 2018, 66(14): 3784 - 3798.

[102] JING P L, ZOU J W, DUAN Y, et al. Generalized CPHD filter modeling spawning targets [J]. Signal Processing, 2016, 128: 48 - 56.

[103] NANNURU S, COATES M. Hybrid multi-Bernoulli and CPHD filters for superpositional sensors [J]. IEEE Transactions on Aerospace and Electronic Systems, 2015, 51(4): 2847 - 2863.

[104] LI B, PANG F W. Improved cardinalized probability hypothesis density filtering algorithm[J]. Applied Soft Computing, 2014, 24: 692-703.

[105] FU Y W, LONG J Q, YANG W. Maneuvering multi-target tracking using the multi-model cardinalized probability hypothesis density filter [J]. Chinese Journal of Electronics, 2013, 22(3): 634-640.

[106] MAHLER R, VO B T. An improved CPHD filter for unknown clutter backgrounds [C]. Signal Processing, Sensor/Information Fusion, and Target Recognition Xxiii. Spie-Int Soc Optical Engineering, 2014.

[107] LAMARD L, CHAPUIS R, BOYER J P. Multi-target tracking with CPHD filter based on asynchronous sensors [C]. Proceedings of the 16th International Conference on Information Fusion. IEEE, 2013: 892-898.

[108] GEORGESCU R, WILLETT P. Classification aided cardinalized probability hypothesis density filter [C]. Signal Processing, Sensor Fusion, and Target Recognition Xxi. Spie-Int Soc Optical Engineering, 2012.

[109] JONES B A. CPHD filter birth modeling using the probabilistic admissible region[J]. IEEE Transactions on Aerospace and Electronic Systems, 2018, 54(3): 1456-1469.

[110] LI B, ZHAO J L, PANG F W. Adaptive genetic MM-CPHD filter for multi-target tracking[J]. Soft Computing, 2017, 21(16): 4755-4767.

[111] MAHLER R, EL-FALLAH A. CPHD filtering with unknown probability of detection [C]. Signal Processing, Sensor Fusion, and Target Recognition Xix. Spie-Int Soc Optical Engineering, 2010.

[112] MAHLER R P S. On CPHD filters with track labeling [C]. Proceedings of SPIE. International Society for Optics and Photonics, 2017: 102000E-12.

[113] VO B T, VO B N, CANTONI A. Analytic implementations of the cardinalized probability hypothesis density filter [J]. IEEE Transactions on Signal Processing, 2007, 55(7): 3553-3567.

[114] MAHLER R P S, VO B T, VO B N. CPHD filtering with unknown clutter rate and detection profile[J]. IEEE Transactions on Signal

Processing，2011，59(8)：3497－3513.

[115] RISTIC B，CLARK D，VO B-N，et al. Adaptive target birth intensity for PHD and CPHD filters[J]. IEEE Transactions on Aerospace and Electronic Systems，2012，48(2)：1656－1668.

[116] GEORGESCU R，WILLETT P. The multiple model CPHD tracker [J]. IEEE Transactions on Signal Processing，2012，60(4)：1741－1751.

[117] LUNDQUIST C，GRANSTRÖM K，ORGUNER U. An extented target CPHD filter and a Gamma Gaussian inverse Wishart implementation [J]. IEEE Journal of Selected Topics in Signal Processing，2013，7(3)：472－483.

[118] OUYANG C，JI H B，TIAN Y. Improved Gaussian mixture CPHD tracker for multitarget tracking[J]. IEEE Transactions on Aerospace and Electronic Systems，2013，49(2)：1177－1191.

[119] LUNDGREN M，SVENSSON L，HAMMARSTRAND L. A CPHD filter for tracking with spawning models[J]. IEEE Journal of Selected Topics in Signal Processing，2013，7(3)：496－507.

[120] NANNURU S，BLOUIN S，COATES M，et al. Multi-sensor CPHD filter[J]. IEEE Transactions on Aerospace and Electronic Systems，2016，52(4)：1834－1854.

[121] 连峰，韩崇昭，李晨. 多模型 GM-CBMeMBer 滤波器及航迹形成[J]. 自动化学报，2014，40(2)：336－347.

[122] 张光华，连峰. 高斯混合扩展目标多伯努利滤波器[J]. 西安交通大学学报，2014，48(10)：9－14.

[123] 李翠芸，王荣，姬红兵. 基于变分贝叶斯势均衡多目标多伯努利滤波的多扩展目标跟踪算法[J]. 控制理论与应用，2015，32(2)：187－195.

[124] 连峰，马冬冬，元向辉，等. 扩展目标 CBMeMBer 滤波器及其高斯混合实现[J]. 控制与决策，2015，30(4)：611－616.

[125] HOSEINNEZHAD R，VO B-N，VO B-T，et al. Visual tracking of numerous targets via multi-Bernoulli filtering of image data [J]. Pattern Recognition，2012，45(10)：3625－3635.

[126] HOSEINNEZHAD R，VO B N，VO B T. Visual tracking in background subtracted image sequences via multi-Bernoulli filtering

[J]. IEEE Transactions on Signal Processing, 2013, 61 (2): 392 - 397.

[127] HOANG H G, VO B T. Sensor management for multi-target tracking via multi-Bernoulli filtering[J]. Automatica, 2014, 50(4): 1135 - 1142.

[128] GOSTAR A K, HOSEINNEZHAD R, BAB-HADIASHAR A. Multi-Bernoulli sensor-selection for multi-target tracking with unknown clutter and detection profiles[J]. Signal Processing, 2016, 119: 28 - 42.

[129] GOSTAR A K, HOSEINNEZHAD R, BAB-HADIASHAR A. Robust multi-Bernoulli sensor selection for multi-target tracking in sensor networks[J]. IEEE Signal Processing Letters, 2013, 20(12): 1167 -1170.

[130] WANG B L, YI W, HOSEINNEZHAD R, et al. Distributed fusion with multi-Bernoulli filter based on generalized covariance intersection [J]. IEEE Transactions on Signal Processing, 2017, 65(1): 242 - 255.

[131] LIANG M, KIM D Y, KAI X. Multi-Bernoulli filter for target tracking with multi-static Doppler only measurement [J]. Signal Processing, 2015, 108: 102 - 110.

[132] OUYANG C, JI H, LI C. Improved multi-target multi-Bernoulli filter [J]. IET Radar Sonar and Navigation, 2012, 6(6): 458 - 464.

[133] YANG C Q, SHI Z G, HAN K, et al. Optimization of particle CBMeMBer filters for hardware implementation [J]. IEEE Transactions on Vehicular Technology, 2018, 67(9): 9027 - 9031.

[134] GOSTAR A K, HOSEINNEZHAD R, BAB-HADIASHAR A. Multi-Bernoulli sensor control for multi-target tracking [C]. Proceedings of the 8th International Conference on Intelligent Sensors, Sensor Networks and Information Processing. IEEE, 2013: 312 - 317.

[135] YUAN X H, LIAN F, HAN C Z. Multiple-model cardinality balanced multi-target multi-Bernoulli filter for tracking maneuvering targets[J]. Journal of Applied Mathematics, 2013: 16.

[136] BASER E, KIRUBARAJAN T, EFE M, et al. Improved multi-target

multi-Bernoulli filter with modelling of spurious targets[J]. IET Radar Sonar and Navigation, 2016, 10(2): 285-298.

[137] ZONG P, BARBARY M. Improved multi-Bernoulli filter for extended stealth targets tracking based on sub-random matrices[J]. IEEE Sensors Journal, 2016, 16(5): 1428-1447.

[138] YUAN C S, WANG J, LEI P, et al. Multi-target tracking based on multi-Bernoulli filter with amplitude for unknown clutter rate[J]. Sensors, 2015, 15(12): 30385-30402.

[139] SONG L P, ZHAO X G. Box-particle cardinality balanced multi-target multi-Bernoulli filter[J]. Radioengineering, 2014, 23(2): 609-617.

[140] YANG J L, YANG L, XIAO Z Y, et al. Adaptive parameter particle CBMeMBer tracker for multiple maneuvering target tracking[J]. Eurasip Journal on Advances in Signal Processing, 2016: 11.

[141] HE X Y, LIU G X. Cardinality balanced multi-target multi-Bernoulli filter with error compensation[J]. Sensors, 2016, 16(9): 13.

[142] WANG M J, JI H B, ZHANG Y Q, et al. A student's T mixture cardinality-balanced multi-target multi-Bernoulli filter with heavy-tailed process and measurement noises[J]. IEEE Access, 2018, 6: 51098-51109.

[143] HU X L, JI H B, WANG M J. CBMeMBer filter with adaptive target birth intensity[J]. IET Signal Processing, 2018, 12(8): 937-948.

[144] VO B T, VO B N, HOSEINNEZHAD R, et al. Robust multi-Bernoulli filtering[J]. IEEE Journal of Selected Topics in Signal Processing, 2013, 7(3): 399-409.

[145] YANG J L, JI H B, GE H W. Multi-model particle cardinality-balanced multi-target multi-Bernoulli algorithm for multiple manoeuvring target tracking[J]. IET Radar Sonar and Navigation, 2013, 7(2): 101-112.

[146] REUTER S, MEISSNER D, WILKING B, et al. Cardinality balanced multi-target multi-Bernoulli filtering using adaptive birth distributions[C]. Proceedings of the 16th International Conference on Information Fusion. IEEE, 2013: 1608-1615.

[147] MA D D, LIAN F, LIU J. Sequential Monte Carlo implementation of

cardinality balanced multi-target multi-Bernoulli filter for extended target tracking[J]. IET Radar Sonar and Navigation, 2016, 10(2): 272 - 277.

[148] SAUCAN A A, COATES M J, RABBAT M. A multi-sensor multi-Bernoulli filter[J]. IEEE Transactions on Signal Processing, 2017, 65(20): 5495 - 5509.

[149] BELLMAN R. On a routing problem[J]. Quarterly of Applied Mathematics, 1958, 16(1): 87 - 90.

[150] FORD L R, FULKERSON D R. Flows in Networks[M]. Princeton University Press, 2010.

[151] MURTY K G. An algorithm for ranking all the assignments in order of increasing cost[J]. Operations Research, 1968, 16(3): 682 - 687.

[152] MILLER M L, STONE H S, COX I J. Optimizing Murty's ranked assignment method [J]. IEEE Transactions on Aerospace and Electronic Systems, 1997, 33(3): 851 - 862.

[153] PEDERSEN C R, NIELSEN L R, ANDERSEN K A. An algorithm for ranking assignments using reoptimization[J]. Computers & Operations Research, 2008, 35(11): 3714 - 3726.

[154] PASCOAL M, CAPTIVO M E, CLIMACO J. A note on a new variant of Murty's ranking assignments algorithm[J]. 4OR-A Quarterly Journal of Operations Research, 2003, 1(3): 243 - 255.

[155] 苗雨，宋骊平，姬红兵. 箱粒子广义标签多伯努利滤波的目标跟踪算法[J]. 西安交通大学学报，2017，51(10)：107 - 112.

[156] 朱书军，刘伟峰，崔海龙. 基于广义标签多伯努利滤波的可分辨群目标跟踪算法[J]. 自动化学报，2017，43(12)：2178 - 2189.

[157] 李翠芸，陈东伟，石仁政. 自适应目标新生δ广义标签多伯努利滤波算法[J]. 西安电子科技大学学报，2019，46(2)：12 - 16.

[158] PAPI F, VO B N, VO B T, et al. Generalized labeled multi-Bernoulli approximation of multi-object densities[J]. IEEE Transactions on Signal Processing, 2015, 63(20): 5487 - 5497.

[159] LI S Q, YI W, HOSEINNEZHAD R, et al. Robust distributed fusion with labeled random finite sets[J]. IEEE Transactions on Signal Processing, 2018, 66(2): 278 - 293.

[160] BEARD M, VO B T, VO B N, et al. Void probabilities and Cauchy-

Schwarz divergence for generalized labeled multi-Bernoulli models[J]. IEEE Transactions on Signal Processing, 2017, 65(19): 5047 - 5061.

[161] LI S Q, YI W, HOSEINNEZHAD R, et al. Multi-object tracking for generic observation model using labeled random finite sets[J]. IEEE Transactions on Signal Processing, 2018, 66(2): 368 - 383.

[162] WANG B L, YI W, LI S Q, et al. Distributed multi-target tracking via generalized multi-Bernoulli random finite sets[C]. Proceedings of the 18th International Conference on Information Fusion. IEEE, 2015: 253 - 261.

[163] ZHU S J, LIU W F, WENG C L, et al. Multiple group targets tracking using the generalized labeled multi-Bernoulli filter [C]. Proceedings of the 35th Chinese Control Conference. IEEE, 2016: 4871 -4876.

[164] PUNCHIHEWA Y, PAPI F, HOSEINNEZHAD R. Multiple target tracking in video data using labeled random finite set [C]. 2014 International Conference on Control, Automation and Information Sciences. IEEE, 2014: 13 - 18.

[165] YI W, JIANG M, HOSEINNEZHAD R, et al. Distributed multi-sensor fusion using generalised multi-Bernoulli densities [J]. IET Radar Sonar and Navigation, 2017, 11(3): 434 - 443.

[166] GRANSTRÖM K, WILLETT P, BAR-SHALOM Y. Approximate multi-hypothesis multi-Bernoulli multiobject filtering made multi-easy [J]. IEEE Transactions on Signal Processing, 2016, 64(7): 1784 - 1797.

[167] LU Z J, HU W D, KIRUBARAJAN T. Labeled random finite sets with moment approximation [J]. IEEE Transactions on Signal Processing, 2017, 65(13): 3384 - 3398.

[168] LIU C, SUN J P, LEI P, et al. Delta-generalized labeled multi-Bernoulli filter using amplitude information of neighboring cells[J]. Sensors, 2018, 18(4): 18.

[169] LEGRAND K A, DEMARS K J. The data-driven delta-generalized labeled multi-Bernoulli tracker for automatic birth initialization[C]. Signal Processing, Sensor/Information Fusion, and Target Recognition Xxvii. Spie-Int Soc Optical Engineering, 2018.

[170] LIU W, WEI B, ZHU S. A multi-sensor generalized labeled multi-Bernoulli filter via extended association map [C]. 2015 International Conference on Control, Automation and Information Sciences (ICCAIS). 2015: 225 - 230.

[171] PAPI F. Constrained delta-GLMB filter for multi-target track-before-detect using radar measurements[C]. 2015 European Intelligence and Security Informatics Conference. IEEE Computer Soc 2015: 90 - 97.

[172] BEARD M, REUTER S, GRANSTRÖM K, et al. A generalised labelled multi-Bernoulli filter for extended multi-target tracking[C]. Proceedings of the 18th International Conference on Information Fusion. 2015: 991 - 998.

[173] BEARD M, REUTER S, GRANSTRÖM K, et al. Multiple extended target tracking with labeled random finite sets[J]. IEEE Transactions on Signal Processing, 2016, 64(7): 1638 - 1653.

[174] BEARD M, VO B T, VO B N. Bayesian multi-target tracking with merged measurements using labelled random finite sets[J]. IEEE Transactions on Signal Processing, 2015, 63(6): 1433 - 1447.

[175] PAPI F, KIM D Y. A particle multi-target tracker for superpositional measurements using labeled random finite sets[J]. IEEE Transactions on Signal Processing, 2015, 63(16): 4348 - 4358.

[176] FANTACCI C, PAPI F. Scalable multisensor multitarget tracking using the marginalized delta-GLMB density [J]. IEEE Signal Processing Letters, 2016, 23(6): 863 - 867.

[177] LIN S F, VO B T, NORDHOLM S E. Measurement-driven birth model for the generalized labeled multi-Bernoulli filter [C]. 2016 International Conference on Control, Automation and Information Sciences. IEEE, 2016: 94 - 99.

[178] YI W, JIANG M, HOSEINNEZHAD R. The multiple model Vo-Vo filter[J]. IEEE Transactions on Aerospace and Electronic Systems, 2017, 53(2): 1045 - 1054.

[179] 邱昊，黄高明，左炜，等. 基于标签多伯努利滤波的衍生目标跟踪算法[J]. 航空学报，2015，36(9)：3012 - 3019.

[180] 邱昊，黄高明，左炜，等. 多模型标签多伯努利机动目标跟踪算法[J]. 系统工程与电子技术，2015，37(12)：2683 - 2688.

[181] 冯新喜，魏帅，王泉，等. 鲁棒标签多伯努利机动目标跟踪算法[J]. 华中科技大学学报(自然科学版)，2018，46(2)：56-60+66.

[182] DEUSCH H, REUTER S, DIETMAYER K. The labeled multi-Bernoulli SLAM filter[J]. IEEE Signal Processing Letters, 2015, 22(10): 1561-1565.

[183] GOSTAR A K, HOSEINNEZHAD R, RATHNAYAKE T, et al. Constrained sensor control for labeled multi-Bernoulli filter using Cauchy-Schwarz divergence [J]. IEEE Signal Processing Letters, 2017, 24(9): 1313-1317.

[184] RATHNAYAKE T, GOSTAR A K, HOSEINNEZHAD R, et al. Labeled multi-Bernoulli track-before-detect for multi-target tracking in video [C]. Proceedings of the 18th International Conference on Information Fusion. IEEE, 2015: 1353-1358.

[185] QIU H, HUANG G M, GAO J. Variational Bayesian labeled multi-Bernoulli filter with unknown sensor noise statistics [J]. Chinese Journal of Aeronautics, 2016, 29(5): 1378-1384.

[186] GARCIA-FERNANDEZ A F, MORELANDE M R. Explicit filtering equations for labelled random finite sets [C]. Fourth International Conference on Control, Automation and Information Sciences. IEEE, 2015: 349-354.

[187] DONG P, JING Z L, LEUNG H, et al. Student-t mixture labeled multi-Bernoulli filter for multi-target tracking with heavy-tailed noise [J]. Signal Processing, 2018, 152: 331-339.

[188] WANG X Y, GOSTAR A K, RATHNAYAKE T, et al. Centralized multiple-view sensor fusion using labeled multi-Bernoulli filters[J]. Signal Processing, 2018, 150: 75-84.

[189] LI M, LIN Z P, AN W, et al. Box-particle labeled multi-Bernoulli filter for multiple extended target tracking [J]. Radioengineering, 2016, 25(3): 527-535.

[190] XIE Y, SONG T L. Bearings-only multi-target tracking using an improved labeled multi-Bernoulli filter[J]. Signal Processing, 2018, 151: 32-44.

[191] DANZER A, REUTER S, DIETMAYER K. The adaptive labeled multi-Bernoulli filter [C]. The 19th International Conference on

Information Fusion. IEEE, 2016: 1531 - 1538.

[192] REUTER S, BEARDY M, GRANSTRÖM K, et al. Tracking extended targets in high clutter using a GGIWLMB filter[C]. 2015 Sensor Data Fusion: Trends, Solutions, Applications(SDF). 2015: 1 - 6.

[193] REUTER S, SCHEEL A, DIETMAYER K. The multiple model labeled multi-Bernoulli filter [C]. Proceedings of the 18th International Conference on Information Fusion. 2015: 1574 - 1580.

[194] GARCIA-FERNANDEZ A F. Track-before-detect labeled multi-Bernoulli particle filter with label switching[J]. IEEE Transactions on Aerospace and Electronic Systems, 2016, 52(5): 2123 - 2138.

[195] 陈一梅，刘伟峰，孔明鑫，等. 基于 GLMB 和 Gibbs 采样的多扩展目标有限混合建模与跟踪算法[J]. 自动化学报，2019: 1 - 12.

[196] CHEN L J. An introduction to the generalized labeled multi-Bernoulli filter through Matlab code[C]. SPIE Defense + Security. SPIE, 2018: 3.

[197] CHEN Y M, LIU W F, WANG X D. Multiple extended target tracking based on GLMB filter and Gibbs sampler [C]. 2017 International Conference on Control, Automation and Information Sciences. IEEE, 2017: 26 - 31.

[198] PUNCHIHEWA Y, VO B N, VO B T. A generalized labeled multi-Bernoulli filter for maneuvering targets [C]. Proceedings of the 19th International Conference on Information Fusion. IEEE, 2016.

[199] PUNCHIHEWA Y, VO B T, VO B N, et al. Multiple object tracking in unknown backgrounds with labeled random finite sets[J]. IEEE Transactions on Signal Processing, 2017, 66(11): 3040 - 3055.

[200] VO B N, VO B T. An implementation of the multi-sensor generalized labeled multi-Bernoulli filter via Gibbs sampling[C]. Proceedings of the 20th International Conference on Information Fusion. 2017.

[201] BRYANT D S, VO B T, VO B N, et al. A generalized labeled multi-Bernoulli filter with object spawning[J]. IEEE Transactions on Signal Processing, 2018, 66(23): 6177 - 6189.

[202] VO B N, VO B T. A multi-scan labeled random finite set model for multi-object state estimation [J]. IEEE Transactions on Signal Processing, 2019, 67(19): 4948 - 4963.

[203] DOUCET A, FREITAS N, GORDON N. Sequential Monte Carlo methods in practice[M]. Springer-Verlag, 2001.

[204] ARULAMPALAM M S, MASKELL S, GORDON N, et al. A tutorial on particle filters for online nonlinear/non-Gaussian Bayesian tracking[J]. IEEE Transactions on Signal Processing, 2002, 50(2): 174-188.

[205] GNING A, RISTIC B, MIHAYLOVA L, et al. An introduction to box particle filtering[J]. IEEE Signal Processing Magazine, 2013, 30(4): 165-170.

[206] CAPPE O, GODSILL S J, MOULINES E. An overview of existing methods and recent advances in sequential Monte Carlo [J]. Proceedings of the IEEE, 2007, 95(5): 899-924.

[207] CARPENTER J, CLIFFORD P, FEARNHEAD P. An improved particle filter for non-linear problems[J]. IEEE Proceedings-Radar, Sonar and Navigation, 1999, 146(1): 2-7.

[208] LIU J S, CHEN R. Sequential Monte Carlo methods for dynamic systems[J]. Journal of the American Statistical Association, 1998, 93(443): 1032-1044.

[209] ABDALLAH F, GNING A, BONNIFAIT P. Box particle filtering for nonlinear state estimation using interval analysis[J]. Automatica, 2008, 44(3): 807-815.

[210] GNING A, MIHAYLOVA L, ABDALLAH F. Mixture of uniform probability density functions for non linear state estimation using interval analysis[C]. Proceedings of the 13th International Conference on Information Fusion. 2010.

[211] SUNAGA T. Theory of an interval algebra and its application to numerical analysis [J]. Research Association of Applied Geometry (RAAG) Memoirs, 1958, 2: 29-46.

[212] MOORE R E. Interval analysis[M]. Prentice-Hall, 1966.

[213] JAULIN L, KIEFFER M, DIDRIT O, et al. Applied interval analysis [M]. Springer-Verlag, 2001.

[214] MOORE R E, KEARFOTT R B, CLOUD M J. Introduction to interval analysis [M]. Society for Industrial and Applied Mathematics, 2009.

[215] HASS J, HUTCHINGS M, SCHLAFLY R. The double bubble conjecture[J]. Electronic Research Announcements of the American Mathematical Society, 1995, 1: 98 - 102.

[216] SCHMIDT D S, MEYER K R. Computer aided proofs in analysis [M]. Springer-Verlag, 1991.

[217] SZPIRO G G. Kepler's Conjecture: how some of the greatest minds in history helped solve one of the oldest math problems in the world [M]. Wiley, 2003.

[218] TUCKER W. A rigorous ODE solver and Smale's 14th problem[J]. Foundations of Computational Mathematics, 2002, 2(1): 53 - 117.

[219] CHABLAT D, WENGER P, MAJOU F, et al. An interval analysis based study for the design and the comparison of three-degrees-of-freedom parallel kinematic machines[J]. The International Journal of Robotics Research, 2004, 23(6): 615 - 624.

[220] LIN Y, STADTHERR M A. Advances in interval methods for deterministic global optimization in chemical engineering[J]. Journal of Global Optimization, 2004, 29(3): 281 - 296.

[221] LIN Y, STADTHERR M A. LP strategy for interval-Newton method in deterministic global optimization [J]. Industrial & Engineering Chemistry Research, 2004, 43: 3741 - 3749.

[222] LIN Y, STADTHERR M A. Deterministic global optimization of molecular structures using interval analysis [J]. Journal of Computational Chemistry, 2005, 26: 1413 - 1420.

[223] FUSIELLO A, BENEDETTI A, FARENZENA M, et al. Globally convergent autocalibration using interval analysis [J]. IEEE Transactions on Pattern Analysis and Machine Intelligence, 2005, 26 (12): 1633 - 8.

[224] SNYDER J M. Generative modeling for computer graphics and cad: symbolic shape design using interval analysis [M]. Academic Press, 1992.

[225] HOLZMANN O, LANG B, SCHÜTT H. Newtonÿ s constant of gravitation and verified numerical quadratures [J]. Reliable Computing, 1996, 2(3): 229 - 240.

[226] LANG B. Verified quadrature in determining Newton's constant of

gravitation[J]. Journal of Universal Computer Science, 1998, 4(1): 16－24.

[227] GEMAN S, GEMAN D. Stochastic Relaxation, Gibbs Distributions, and the Bayesian Restoration of Images [J]. IEEE transactions on pattern analysis and machine intelligence, 1984, PAMI-6(6): 721－741.

[228] CASELLA G, GEORGE E I. Explaining the gibbs sampler[J]. The American Statistician, 1992, 46(3): 167－174.

[229] GNING A, RISTIC B, MIHAYLOVA L. Bernoulli particle/box-particle filters for detection and tracking in the presence of triple measurement uncertainty [J]. IEEE Transactions on Signal Processing, 2012, 60(5): 2138－2151.

[230] BERGER J O. Statistical decision theory and bayesian analysis[M]. Springer, 1993.

[231] SILVERMAN B. Density estimation for statistical and data analysis [M]. Chapman and Hall, 1986.

[232] SCHIKORA M, GNING A, MIHAYLOVA L, et al. Box-particle PHD filter for multi-target tracking [C]. Proceedings of the 15th International Conference on Information Fusion. IEEE, 2012: 106－113.

[233] RUMP S. INTLAB-INTerval LABoratory [G]. CSENDES T. Developments in Reliable Computing. Dordrecht: Kluwer Academic Publishers, 1999: 77－104.

[234] SCHUHMACHER D, VO B T, VO B N. A consistent metric for performance evaluation in multi-object filtering [J]. IEEE Transactions on Signal Processing, 2008, 56(8): 3447－3457.

[235] RAIFFA H, SCHLAIFER R. Applied statistical decision theory[M]. Wiley-Interscience, 1961.

[236] CHEN N Q, JI H B, GAO Y C, et al. New box particle filter with improved resampling method and extended inclusion volume criteria for multi-target tracking[J]. Radioengineering, 2018, 27(3): 846－855.

[237] SCHIKORA M, GNING A, MIHAYLOVA L, et al. Box-particle probability hypothesis density filtering [J]. IEEE Transactions on Aerospace and Electronic Systems, 2014, 50(3): 1660－1672.